天津出版传媒集团
天津人民出版社

图书在版编目(CIP)数据

学习型社会 / 梁艳茹著. -- 天津 : 天津人民出版社, 2020.11
ISBN 978-7-201-15951-5

Ⅰ. ①学… Ⅱ. ①梁… Ⅲ. ①社会教育-研究-中国
Ⅳ. ①G779.2

中国版本图书馆 CIP 数据核字(2020)第 101471 号

**学习型社会**
XUEXIXING SHEHUI

出　　版　天津人民出版社
出 版 人　刘　庆
地　　址　天津市和平区西康路 35 号康岳大厦
邮政编码　300051
邮购电话　(022)23332469
电子信箱　reader@tjrmcbs.com

策划编辑　安练练
责任编辑　李　荣
装帧设计　汤　磊

印　　刷　北京虎彩文化传播有限公司
经　　销　新华书店
开　　本　710 毫米×1000 毫米　1/16
印　　张　12.75
字　　数　185 千字
版次印次　2020 年 11 月第 1 版　2020 年 11 月第 1 次印刷
定　　价　45.00 元

# 目录

contents

# 导 论

## 第一节 问题的提出

综观人类历史，学习作为人类特有的行为，从来没有像今天这样发挥着决定性的作用。学习正在成为大多数人生存的主要方式，也正在成为一个发展强大社会的主要动力之源，一个不善于学习的个体将被社会所淘汰，一个不善于学习的国家也注定会在竞争中失败。处在人类社会发展的这一时期，学习日益成为彰显人的主体性的主要途径，反过来，人的主体性的提升也使学习逐渐成为人的自觉行为。通过自觉学习来促进人与社会和谐发展的人类历史进程要求一个新型社会样态与之相适应。对于社会发展所处的这样一个不确定发展阶段，理论界和研究者从不同的研究视角及划分标准上来考察和命名新的社会发展样态。常见的是以生产关系的性质为标准，以社会的主体状况为标准，以产业技术为标准等，不同的依据标准有利于多角度地认识社会发展状况。而本书以学习在当今社会与人的发展中所起的核心作用为标准，把这样的一个新型社会样态称为“学习型社会”。

自20世纪60年代美国学者赫钦斯提出“学习型社会”概念以来，世界各国逐渐开始重视对这种社会的研究，并已经成为社会发展的一种趋势，为世界各国所理解和接纳。我国对学习型社会的建设也十分重视，从在亚太经合组织人力资源能力建设会议上提出“构筑终身教育体系，创建学习型社会”，到党的十六大把形成学习型社会作为小康社会的重要文化特征的提出，中国正在把一个数千年来文风炽盛、才俊辈出的古老国度再造为新的学习之邦。而与时俱进的学习理念，是我们进入这样一个时代、创建这样一个社会、完成这样一项伟大工程的核心动力和思想基石。

在最原始的学习理念导引下，我们的先辈开启了文明之光，发蒙启蔽，走出洪荒，前哲先贤对学习重要性的认识、对学习方法的提炼，成为激励一代又一代人的座右铭和人生格言。“敏而好学”“学而不厌”“格物致知”“知行合一”等，这些历经时光锤炼的古训，成为我们形成新的学习理念的重要思想资源。而诗书传家的家风、渔樵耕读的社会生活方式，虽然已经随着农耕时代的结束成为历史陈迹，但今日有关学习型家庭、学习型社区、学习型城市的学习理念，仍然可以从这些传统中得到滋养。

现代社会中，学习活动已经成为人生不可缺少的内容，成为学习型社会得以运行的主要动力。这主要表现为两个方面：

一方面，不断学习是现代人发展和完善的必然途径，这是由现代社会发展中人类知识增长的速度决定的。农业经济时代，人类知识经验的总量十分有限，增长速度也十分缓慢，并且地域之间的障碍十分明显，对个体短暂的生命来讲，基本上不存在知识的老化与更新问题。到了工业社会时代，知识增长的速度相对加快，但人的阶段性学习仍可以应付较长时期内甚至一生的工作需要。处于知识经济时代，社会变化速度加快，知识急剧增加，知识老化速度加快、产品成就周期不断缩短、职业变化加快。据调查，18 世纪人类知识陈旧的速度为八十到九十年，19 世纪至 20 世纪为三十年，近五十年已缩短为十五年，有的学科已缩短为五到十年。从 1950 年到 1965 年，有八千多个工种消失，出现了六千多个新的工种，在这种情况下，一个人在一定阶段所学的知识在当时无论多么先进，都会与迅速发展的时代不相适应甚至遇到过时的问题。因此，在现代社会中，学习成为每个人生存发展和提高生活质量的必然要求，不学习、不会学习的人必然会被社会所淘汰。

另一方面，现代社会发展为人们的不断学习提供了可能。与过去相比，现代社会的生存条件得到了极大的改善，人们在解决了基本生存问题后，也就有更多精力和闲暇时间进行各种精神活动，可以不断地学习。以网络为主体的现代信息技术为这种学习活动提供了便利条件，高科技的交通工具也使人们的交往更加便利，打破了地域障碍。因此，人们为了追求充实与发展的自由之境而不断展开学习活动。

知识经济的来临、科学技术的迅猛发展对个人学习和学习环境都提出了要求，当代人必须要具有学习的能力，形成新的学习理念，要有高度重视知识的发展和符合社会发展趋势的知识观，建立时效性、动态性、综合性的信息观，建立在变化发展中学、随机学、终身学的学习观，重视人未来的发展潜力的发展观，重视人力资源的资源观，重视组织的弹性、适应性、可调性的组织观。形成新的学习理念，最重要的基础和思想来源，还是主体的学习动机、学习实践和学习体会，是改革开放和现代化建设的现实需要，是新的社会价值观、知识观、发展观。建立一个无人不学、无时不学、无处不学的社会，是全面建设小康社会的目标，也是中国社会持续发展的重要手段。

中华民族素以尊师好学著称，重视学习的风气绵延数千年，即便乱世也是如此。悬梁刺股、映雪囊萤、凿壁偷光、立雪程门，古人的这些故事至今催人奋进。改革开放以来，群众学习热情持续高涨。这一切为创建学习型社会、形成新的学习风气创造了条件。未来社会的人们将在更加广泛、深入的层面上学习，在更加细致、动态的过程中学习，在更加自觉、能动的境界中学习，让更加浓厚的学习之风弥散到社会的每个角落，渗透到人们的心灵和血液中。

学习型社会支持个人的终身学习，从时间和空间两个维度延伸了社会成员的学习生命，超越了个人的有限性，同时也要求延伸全社会的学习，开阔社会的发展空间。逐步拓展学习活动的载体，为所有人提供学习的物质环境，是全社会的一项长期工作。学习型社会将打破以往的课堂围墙，实现教育的全民性、整体性和连续性，人们可根据自己的需要、兴趣和能力，选择相应的学习内容、学习方式和学习进度，教育时间、教育场所、教育机构之间和教育形式都完全开放。

因此，我们必须首先在观念上跨越传统学校教育的藩篱，在更加广阔的天地里给人们学习的自由。满园春色关不住，学习将无处不在，它在学校、在公益性文化场所、在企业、在机关、在社区、在家庭、在个人可以支配的所有空间里发生作用。

在学习型社会，学习是一种全社会的经常化、普遍化、制度化的行为。只有星罗棋布、真正深入广大群众之中的学习网络才能适应社会的需要。突破传统的学习体系，打破条条块块的壁垒，整合社会系统中的各种教育资源和文化资源，形成环环相扣的学习链带，从而构筑社会化的学习体系，这是我们创建学习型社会的重要任务之一。

当前世界范围内，学习型社会的研究与创建正日益成为一种社会主要的发展趋势，这种潮流正以不可阻挡的趋势在发展。对中国而言，学习型社会的建设更是中国发展壮大的战略机遇，它为我国更加强大提供了绝佳机会。通过构建学习型社会把我国从人口大国建设成为人力资源强国，通过学习提高我国知识经济的发展潜力，学习型社会的构建应成为我国从劳动密集型国家向知识密集型国家发展的重要战略。我国对学习型社会的研究和建设已经有了阶段性成果，不仅在理论研究上有了新的进展，而且在一些条件比较成熟的地区已经建立了学习型城市。但是，已有的研究理论侧重于构建学习型社会，而对其本身存在的重大理论问题尚研究不深、挖掘不够，缺少哲学上普遍的理论指导意义；有些研究对学习型组织设计过于具体化、程序化，忽略了学习型社会本质是一个社会结构的自觉构建问题。

目前，对于学习型社会问题的研究，尤其是具有普遍意义的研究，是贫乏的，然而在实践中又是急需的，所以，适应当前经济社会的发展趋势，解决实践当中令人困惑的问题，指导当前学习型社会构建的实践活动，是本书的写作目的，也是本书的价值与意义所在。

## 第二节 学习型社会的研究现状分析

学习型社会作为一种思想可谓源远流长，最早提出这一术语的美国自由教育流派的主要代表人物赫钦斯认为，古希腊的雅典就曾经是一个学习型社会的典型。学习型社会作为明确的概念被提出来，并逐渐形成较完整的理论体系是在20世纪70年代以后的事情。在这一理论指导下构建学习型社会的实践活动开始于20世纪90年代，主要表现为西方的一些发达国家已初步构建并进入到了学习型社会的初级阶段。在20世纪下半叶，西方发达国家掀起的第三次技术革命浪潮，确立了知识经济的主导地位，社会发展呈现出了一些新的特点，这为人类认识和构建学习型社会创造了必要的条件。许多学者和组织从不同的角度阐述了对学习型社会的理解。从学习型社会的研究过程来看，主要分为三个阶段:学习型社会术语的提出(20世纪60年代末)、国际性组织的全球倡导(20世纪70年代)和理论研究的进一步完善与实践构建学习型社会相统一的阶段(从20世纪90年代开始)。

### 一、赫钦斯与学习型社会思想

"学习型社会"术语是美国芝加哥大学前任校长罗伯特·赫钦斯(Robert M·Hutchins)于1968年在他的名为《学习型社会》(*The Learning Society*)的著作中提出来的。他通过对当时社会存在的两个主要事实的分析和论述——自由时间(闲暇时间)的充裕(the increasing proportion of free time)和社会变化的迅速(the rapidity of change)，提出"我们需要一个学习型社会。社会变化的迅速要求人们不断地、持续地进行教育，大量自由时间的拥有为人们进行持续的教育提供了可能"。他进一步预见了学习型社会到来的可能性，对学习型社会作了描述，即"学习型社会将是这样的一个社会，能够为每个人在其成年以后的每个阶段提供业余式的成人教育之外，还成功地实现了社会价值的转换，即学习、自我实现和成为真正意义上的人已经变成社会发展的目标，而且所有的社会制度都以这一社会目标为指向。”赫钦斯认为,随着科学技术的发展变化和影响,随着世界性组织的发展进程和世界秩序的发展,随着整个社会阶级结构的分解,教育中出现问题是必然的,但他不是要解决所有的教育问题,而是通过再提出这些问题来突出他的教育价值观,“教育的旨趣在于通过人类智力的发展来获得人类自身的发展,也就是说教育的目的不是人的能力方面的发展,而是整个人的全面发展”。由此他提出未来的社会发展将是学习型社会,是终身教育和全民教育得以实现的社会,也是他的教育价值观得以完全实现的社会,赫钦斯在衡量一个社会是否是学习型社会时是以他的教育价值观为标准的,教育的内在价值就是学习型社会的核心价值,在我们今天构建学习型社会的过程中也遵循着这一标准。当然赫钦斯也看到了教育价值的转换任务不是教育自身所能独立完成的,他需要社会发展目标转向的支持,并且将这一支持制度化为体制架构。

赫钦斯把人性的自我完善作为学习型社会的坐标,这就决定了赫钦斯的学习型社会思想具有理想性的色彩,但他在对美国当时社会情况的研究中,分析了社会变化对教育所产生的影响,认为教育的发展为学习型社会提供现实的基础,这又说明赫钦斯从教育活动的目的出发所作的对学习型社会的理解也不是纯粹主观的推演, 在一定程度上真实地反映了美国当时社会发展对教育的漠视,一味地关注经济的发展,教育制度的功利化忽视了人在获得大量闲暇时间后所发生的需要变化。所以他希望学习型社会能够达成“人性自我完善”之教育目的的社会。

## 二、联合国教科文组织与学习型社会思想

学习型社会思想作为一种国际教育改革的思想是由联合国教科文组织倡导的。1972 年联合国教科文组织在《学会生存》这份报告中正式把学习型社会作为教育改革和发展的指导思想和根本目标。联合国教科文组织肯定了教育在学习型社会内涵中的重要性,从更广泛的视角赋予并拓展学习型社会的内涵。他们提出四个以学习型社会为基调的基本设想:一、存在着一个国际共同体。认为

尽管不同的国家文化传统、政治选择和发展程度有所不同，但世界上存在一个国际共同体，人们有着共同的抱负、问题和倾向，因此需要共同行动和加强基本团结，教育在其中起着极为重要的作用。二、加强对民主主义的信仰。认为一个人有实现他自己的潜力并享有创造他自己未来的权利，这才是真正的民主，而教育是实现这种民主的关键。三、尊重人的发展。人的发展既包括个人人格的日臻完善，也需要人作为社会公民，能够履行自己的权力和承担一定的社会责任，为社会和所在社区做贡献。四、强调全面的、终身的教育。全面的、终身的教育不仅有助于消除严重的人格分裂，而且培养完善的人也只有通过终身教育才能实现。

联合国教科文组织不仅在理论上丰富了赫钦斯的学习型社会思想，而且在实践层面也开始了有益的探索，主要表现在制订迈向学习型社会的教育策略中。该组织认为首先要寻求革新的形式、各种可供选择的途径和新的资源，重视非制度化的日常生活经验的教育。学习型社会的构建必须超越学校教育的体系，应把教育的功能扩充到整个社会的各个方面，各种教育途径和教育形式都要被充分利用起来，以满足人们不断增加的闲暇时间和增长的接受教育和学习的需要。其次要对现有教育体系内部进行改革，特别要确立以尊重和提高人的主体性来实现人的全面发展的目的。联合国教科文组织认为为了适应学习型社会的需要，教育在内容和方法上都应该进行变革，让学习者充分感受到自己是学习的主体，自己是教育自己的主人。这种转变不仅是适应学习型社会终生教育和终生学习需要的一种策略，而且也是教育促进人的全面发展的最有效的途径和方法，手段本身亦是内在的合乎目的的需要。学习型社会是联合国教科文组织以一种国际思维在推进国际理解与合作的重要战略，教育不仅是消除发达国家和发展中国家日益扩大差距的重要手段，也是发展和平文化与培养具有国际合作精神的新型人才的主要途径。

联合国教科文组织以唯一的国际性组织在全世界丰富和倡导学习型社会理论和实践，它以一种超前的视野推动着学习型社会理论对世界各个国家发展的影响及其自身的发展,也推动了一些“先发的”“内生性”条件充分的国家进行学习型社会的构建,从世界范围内创造一种有利于其他国家构建学习型社会的国际环境,从整体上促进人类社会向学习型社会转型。

## 三、学习型社会的理论与实践相互促进、发展

在20世纪90年代,知识经济已经成为西方一些发达国家的主导经济形态并已经给他们创造了构建学习型社会的经济条件,为他们较顺利地构建并进入到了学习型社会的初级阶段打下基础,同时,一批学习型社会的理论研究者的贡献也是不可忽视的。在这一阶段,对学习型社会理论研究的高潮主要集中在西方发达国家的一些学者中,代表性的学习型社会研究理论家有兰森(Stewart Ranson)、艾内(P. Ainey)、拉加特(P.Raggatt)、杜勒(E. Dunne)、阿皮斯(J. Apps)等。还有一些团体也在进行研究,如英国经济与社会研究理事会,苏格兰社区教育理事会,等等,其中绝大多数研究者和组织都来自已经进入学习型社会初级阶段的国家。这一阶段的理论研究主要是对联合国教科文组织所大力倡导的学习型社会理论进行具体国家具体研究,以教育改革为构建的主要基点,把理论运用到构建学习型社会的实践中,再以实践成果去完善理论研究,二者互相作用,共同促进向学习型社会的转型。

20世纪90年代初,一些发达国家相继进入学习型社会的初级阶段。这些国家有美国、英国、日本、瑞典、新加坡等。美国在20世纪80年代就提出了由学历社会向学习型社会过渡,其突出成果表现在社区学院的开办和多样化的成人学习活动;英国的学习型社会创建于20世纪90年代初,1992年欧洲经济合作组织提出了学习型城市的概念,得到英国政府的支持。英国于1998年2月发表绿皮书提出“学习型时代”,提出创建学习型社会的设想,其成果表现为“产业大学”和“个人学习账户”的独立和创建;日本的教育非常发达,早在20世纪80年代末90年代初就全面启动学习型社会的创建工作,其突出成绩表现为各个城市相继制定了学习型城市规划。其中大阪市的《大阪市终身学习规划(1991—

2005)》尤为突出,集中体现了整个日本学习型社会发展的特点和趋势;瑞典是北欧地区有代表性的经济高度发达的国家,也是积极创建学习型社会的先进国家。瑞典100年前就消灭了文盲,现在国家以教育经费的无偿提供,推进其学习型社会的创建,其主要成果表现为为不同阶段的人提供不同的教育,建立了回归教育体制和立法保障机制;新加坡在20世纪90年代以来也提出了创建学习型城市和学习型政府的目标,全国上下举办各种学习活动,把创建学习型社会的活动推向前进,其突出成绩表现为确立了提高国民思想道德意识的价值观,开展了不同年龄阶段的各种教育活动和社会活动。

在知识经济全球化、世界一体化的历史进程中,任何一个国家的发展都离不开这个大环境。中国作为一个"后发型"发展中国家,面对这一先进的国际性思潮,我们也做出了自己的选择,结合我国国情开展了学习型社会的理论研究和创建学习型社会。从总体上说,我国的理论研究相对来说要晚一些,从20世纪90年代开始,我国的一些学习型社会的研究者从教育改革研究的视角进行学习型社会的研究,并取得了一些成果,我国陆续在北京、上海、大连、青岛和常州等六十多个城市构建了学习型城市,推动我国向学习型社会转型。

国内外关于学习型社会研究的概况使我们至少获得这样一点认识:学习型社会不仅仅是教育系统的变革,尽管教育在学习型社会构建和发展中的地位十分重要,但仅凭教育还不足以构成某一社会形态的基础,学习型社会是社会整体结构的变迁,是人们发挥主体性、自觉构建的人类的新型社会。一种新的社会形态的基础只能从生产力和生产关系、经济基础和意识形态的相互关系中来理解。因此,以往学习型社会理论的研究单单强调"教育优先发展"的认识是不全面的,我们要从"学习型社会理论是一种教育发展阶段理论"的片面认识中走出来,进入到社会这个更广阔的领域,从社会发展的历史角度对学习型社会予以审视和研究,认识到学习型社会是人类社会发展的必然趋势,是在知识经济基础上,社会主体自觉地选择和构建实现人和社会和谐发展的新型社会。

### 四、学习型社会的构建问题

随着社会经济发展对人才素质要求的提高，以及个体自身的发展意愿所驱使，近年来，学习型社会的构建成为一个现实问题，也成为学术研究的热点话题。目前，关于学习型社会的构建问题，形成了以下丰富的成果。

学界认识到学习型社会的形成包括以下要素[①]：社会发展愿景作为方向保障要素，终身学习理念作为动力保障要素，无障碍学习平台作为条件保障要素，互动学习氛围作为环境保障要素，社会全面参与作为服务保障要素，健全学习法规作为法制保障要素。

研究者普遍主张，学习型社会的构建需要终身教育体系做支撑。而终身教育体系可以把学校、家庭和社会的教育资源整合起来，可以为个体一生提供学习的机会。当前，我国的一大批开放大学作为终身教育体系的产物，为学习型社会的构建提供了重要支撑，当然还包括广大的职业教育和社区教育，也为学习型社会的构建提供了平台。

此外，人们关注到，在构建学习型社会中要发挥好信息化的手段和平台。比如发展现代远程教育是构建学习型社会的必经之路，现代远程教育为学习型社会的构建提供了新的技术环境平台。再如数字图书馆在学习时间和学习空间上能够满足学习者的多样需求，数字图书馆能够为学习者提供丰富的信息资源，数字图书馆在构建学习型社会中具有重要的作用。

## 第三节　本研究的思路与观点

### 一、本研究的基本思路

本研究首先从历史发展的角度引出学习型社会存在的必然趋势，重在论述

---

① 《学习型社会形成要素论》，朱涛，《成人教育》，2010年第9期。

学习型社会的合理性。追根溯源描述学习型社会为什么会存在，尤其是从不同的历史时期人类学习的特征来推演出当前学习型社会的特征。

引出学习型社会的必然存在之后，从宏观理性的角度，论述学习型社会的价值理念和社会结构特点，进而从人的发展的角度来探讨学习型社会中的教育格局和人的发展的问题。

最后探讨我国如何想学习型社会转型，揭示转型的复杂性，分析转型的条件和实践路径。尤其是落实到教育层面上，如何支撑学习型社会的构建问题，重点从终身教育体系和学习型组织两个方面尝试探索。

## 二、本研究的核心观点

(一)从马克思主义哲学的主体性原则入手，解决学习型社会发展的目标问题，认为学习型社会不是为了学习而学习，而是为了人的发展而学习，本书摒弃了原子主义、社群主义的片面观点，提出了学习型社会是社会主体在学习与交流的社会历史进程中，从时间和空间两个方面克服了自身的有限性，从而提高人在社会发展中的主体地位的观点，指出学习型社会是人与社会双向构建、互相促进的社会。

(二)从社会结构入手，提出学习型社会结构是以自觉结构为主体，自发结构与自觉结构相统一的社会，学习型社会是一个社会主体自觉构建的过程，指出学习型社会结构发生根本变化的原因是，在知识经济的冲击下，原有的社会结构即将不能适应社会能量的迅猛增长，这时需要社会主体构建高度自觉的社会结构以适应这种形式，从而促进社会更快、更平稳的发展。

(三)通过对社会、人、教育和学习四者关系的论述，提出了教育与学习活动是社会与人不断完善自身建设、促进自身向学习型社会发展的主要方式，本书对终身教育与终身学习方式与制度进行了深入的解读和剖析，提出教育是构建学习型社会的着眼点和切入点，终身教育与终身学习是构建学习型社会的主要途径。

（四）对中国建设学习型社会进行客观分析，深入研究了中国构建学习型社会所面对的问题和具有的条件，提出中国构建学习型社会的方法与思路，同时从历时性与共时性、世界性与民族性、先进性与不平衡几个角度指出中国构建学习型社会所存在的问题。

# 第一章　学习型社会
# ——社会发展的必然趋势

## 第一节　人类学习活动的内在根据

人类社会发展的漫长历史，是一部人类认识世界和改造世界的历史，也是一部人类不断学习、追求自身解放的历史。学习作为人联系客观世界和主观世界的重要的社会认识活动和实践活动，在整个人类社会的发展进程中发挥了巨大价值。无论是生物的进化过程，还是人类社会的发展历程都要取决于物种的自然属性和外部环境的选择作用。但是，生物的进化过程并没有创造自己的历史，其原因在于生物的进化往往是因为偶然的基因突变，进而产生出能够适应新环境的物种。据此，可以说，生物的进化只不过是自然进程的一部分，而人类的进化则有着本质的不同。虽然人和人类社会是从生物漫长的演化过程中产生的，但在完成从猿到人的转变、从动物的自然群体向人类社会的转变过程中，最原始的学习方式伴随这一转变自然地产生并在这一过程及以后的进化发展过程中起了巨大的作用。人的衣、食、住、行与学习同步、同质存在发展，然后再从事政治、科学、艺术、宗教及其他的精神生活。人类在主要依赖于物质的生产活动中，逐渐了解自然现象、自然的性质、自然的规律、人与自然的关系，再经过生产活动，又逐渐认识了人与人的相互关系，创造了属于自己的社会历史。

人是社会的人，社会是人的社会。社会性是人的本质属性，人的一切活动无不打上社会性的印记，人的学习活动也是如此。人的学习活动在本质上是实践活动。人类创造属于自己的历史，因为人类的学习活动本质上是一种自觉的、自由的、极具创造性的实践活动。这一点充分体现在人们时时刻刻进行的物质生产活动中。人和动物一样，必须通过与外部自然的物质与能量的交换才能满足自身的生存需求。但是人的生产活动是明显区别于动物的活动的，具体表现在三个方面。第一，人的生产活动是一种具有自觉意向的活动。不管这个世界在一开始是如何的幼稚、粗浅和虚幻，它都切实地在人与外部世界的相互作用的活动中嵌入了主观化环节，自觉不自觉地以一种经验式、模仿或言传身教式的学习活动，把这种简单的、原始的改造自然的活动逐步“人化”，人的学习活动逐渐具有了主观的目的和意义。第二，生产工具的制造和使用贯穿着人类学习活动的发生和发展进程。这是人类物质生产活动的基本特征，它使自然的物质和资源能够按照人的主观意愿发挥作用，从而减少了人与自然的相互作用中客观环境的制约。在持续的学习和创造过程中，人可以按自己的目的赋予自然物新的存在形式，这是人的学习活动所具有的自由的本质的表现，因为现实的自由不外是有能力打破对象世界既定形态对人的活动的限制，而这种能力就来源于人的学习活动。可见，人类的学习活动具有创新的本质。第三，人类学习活动的自觉性和自由性还表现在人的社会生活中。“为了进行生产，人们便发生一定的联系和关系；只有在这些社会联系和关系的范围内，才会有他们对自然界的关系，才会有生产。”[①]人类在改造和征服自然的过程中无不体现着人们不断的学习与交往活动。任何类型的社会共同体，说到底都是人的学习活动的社会方式，人的“学习是构成社会生产力的核心要素”。[②]人们不断的学习与交往活动所产生的系统不像动物群体那种凭借自然本能来维系群体生活的状态，而是有意识、有目的地去调试，进而使人们通过继续学习、终身学习不断地调整和变革社会规范来获得新的存在方式。

---

①《马克思恩格斯选集》(第1卷)，人民出版社，1972年版，第362页。

②《新教育：为学习服务》，陈建翔、王松涛著，中央编译局编译，教育科学出版社，2002年版，第9页。

综上，尽管人类学习活动具有自觉性、自主性和自由性，但这并不意味着人可以摆脱物质世界的客观规律而独立存在。人自身虽然具有满足自己基本适合学习的一些条件，但是必须通过个体主观能动的活动，即学习教育过程，才能把外界的刺激信息转变成自身发展所需求的知识和能力。这样，一方面，人主观能动的学习活动在信息存在的自然样态中引起了单凭信息机械式积累的运动所不能产生的变化；另一方面，人所具备的知识和信息的数量与质量制约着人的学习活动，使人的学习能力必然随着对知识信息的收集、贮存、记忆和运用的不断丰富、深刻和创新而逐级增强，以致呈现出"学习持续地进行，并伴随人的一生"[①]的过程。人类的学习活动不仅受学习对象的客观属性的制约，同时还会受到社会交往形式的制约。人们之间的交往关系在不同的社会形态下表现出不同的特点。在特定社会形态下，人们所采取的交往形式是与当下社会生产力的发展状况相适应的。因此，当以学习为核心要素的生产力随着人们改造自然活动的增强而发展到一个新阶段时，业已形成的交往形式就会同扩大的生产力相矛盾，开始由促进生产力发展的方向向阻碍生产力发展的方向转变。这就会促使人们交往形式得到不断更新，可以说生产力与交往形式的矛盾，实质上就是人的自主学习活动与其社会条件之间的矛盾。"生产力与交往形式的关系，就是交往形式与个人的行动或活动的关系。"[②]交往形式如果适合生产力状况，个体的能力就得以发挥，就有利于人们对现实生产力的掌控和开拓；反之，当交往形式与当前生产力状况相矛盾时，交往形式就由自主学习的有利条件转变为自主学习的障碍。因此，新的交往形式取代旧的交往形式的过程就是人们改造社会、创造满足自主学习条件的过程。一言概之，人类学习活动的自主性、自觉性和自由性是一个不断发展、不断完善的过程。"为各个新的一代所承受下来的生产力的历史，从而也就是个人本身力量发展的历史。"[③]

---

① Robert · M · Hutchins, *The Learning Society*, New York · Washington.London, 1968, p132.

②《马克思恩格斯选集》(第 1 卷)，人民出版社，1972 年版，第 78 页。

③ 同上，第 79 页。

前面提到的关于人的学习活动的本质上是自主的、自由的，并不意味着人一开始就清醒地认识到学习活动的这一本性。任何生产活动都是直接满足需求的活动，对物质利益的追求始终是生产活动的内在动力所在。人的学习活动作为一种特殊的生产活动，同样具有对物质利益追求的内在动力，当然还有着一种独特的内在动力，那就是对精神利益的追求。特别是在学校产生以后，教育规模的不断扩大，学校数量和类型的增多和丰富，科学技术的日新月异，知识骤增和信息传播与共享的快速发展，人的学习活动的两种内在动力表现得更为直接，造成了人与人之间、团体与团体之间、阶级与阶级之间、国家与国家之间的对立与抗争，而且严重地扭曲了人的活动本质。然而人类满足自身需求的活动是源于其自主性和自由性的。人类学习的自主性和自由性，促进了人们对客观规律的把握，并不断产生新的需求空间。正因为如此，人的学习活动才不断延伸到人一生的全部阶段，人类的世世代代。

总之，人类学习活动的发展过程既有社会经济发展的必然性依据，又有深刻的人性依据。人类学习活动的不断拓展是生产力不断发展的必然结果。尤其是当后工业信息文明把人的实践能力提升到一个新的阶段后，人类学习活动的自由本性从潜在的不自觉状态转变为自觉的自我意识，追求人的自主、自由成为自觉的价值目标，成为“使人获得个人、社会以及职业生活中最充分的发展”的内在动力，“人的学习越来越具有主动创造，超前领导，生产财富和社会整合的功能”[①]。农业文明、工业文明和信息文明等三次“文明浪潮”自然而然地把学习型社会推到了新的世纪，并成为不可抗拒的历史进程，这不仅仅在于她给人们日渐增多的闲暇时间带来丰富的生产、生活方式与内容，还在于她是人们历史所创造出来的较以往更充实、更自主的社会状态，这也便是学习型社会产生的必要进程。

---

①《论学习的本质与当代学习变革》，陈建翔，《学科教育》，2004 年第 2 期。

## 第二节 农业社会发展及其学习的特征

农业文明的诞生是人类生活中的最大事件,这个新文明有着各种各样的命名。但对人类社会发展历史来说,作为人类社会发展转折点的农业文明是整个人类社会发展史上最重大的事件。美国未来学家阿尔温·托夫勒(Alvin Toffler)在1980年出版的《第三次浪潮》中,以广阔的视野和新奇的立论震动了世界,他认为农业的产生和农业文明的兴起是人类社会发展的第一个转折点,它意味着“人类的生产活动开始以控制和改造自然过程使之适合人的需要和目的为特征”①。农业社会生产力的发展使生产工具的制造和使用具有越来越重要的意义。然而农业社会的生产工具又是在大量的偶然使用中通过选择而获得的。随着人类活动的发展,人们不断地加工和改造工具,使它不仅具有适合加工对象的性能,而且还具有适应特定主体的性质,从而使其成为农业社会生产力的主要表现。但在事实上,人们在强大的自然力面前几乎不能获得任何意义上的主动力,人们自身的智力和体力的有限性,手工工具性能的有限性,都决定了人们对自然控制力还是相当有限的。这两方面从根本上决定了农业社会生产能力是很低的,是很有限的。因而农业社会的发展在相当大的程度上深受自然环境的影响,外部世界的各种自然力依然左右着生产,因此人的活动的自主性和自由性也未能超出个体能力所能达到的狭隘范围。

农业社会的发展相对来说是比较漫长的。突出表现为生产工具的稳定性、生产要素的稳定性。在这种稳定的生产技术水平下,基本没有生产要素的(如技术创新,劳动者素质)提高。随着集体劳动形式向个体劳动形式的转变,平均分配产品向个体占有劳动成果的生产方式的转变,私有制出现,个体劳动便发展起来。“以劳动者个体家庭为基本单位的个体劳动是农业经济的最适当的生产方式。”②这种个体经济是一种自给自足的经济形态,家庭内部的自然分工以及

①《当代中国社会转型论》,陈晏清主编,山西教育出版社,1998年版,第25页。

② 同上,第27页。

农业劳动自然产生的闲暇等可以使个体家庭基本能够生产自身所需要的一切生活用品,因此形成了一个相对封闭的状态。随着社会分工的进一步发展,加快了脑力劳动和体力劳动、统治阶级和被统治阶级的社会分工的出现,也导致了商品经济的发展和剩余财富的不断积累,促进了以血缘关系为纽带的家族关系的社会结构基础向以财产权力和社会地位的世袭制为社会结构基础的转变。当然在这种新的社会结构中,血缘关系并没有完全退出社会、经济、政治、生活领域。因此,在农业社会中,无论是在发展初期还是发展后期,"社会成员之间具有'先天的'不平等,每个人的存在和发展预先受到他的家族所赋予他的社会地位以及由其所允许的传统的生活方式和行为方式的制约和限制"[①],人们的交往也不能超越等级地位的局限。因为等级是农业社会必要的整合方式,它可以使人们安于固定的生活方式,减少社会摩擦。农业社会实现了对个体分散的自然经济为基础的社会的高度整合,这必然要求全体成员都要无条件地服从国家这种社会共同体。除了等级制对社会共同体发挥整合功能之外,还必须有一套教育整合机制。

"人不仅是生物遗传的产物,更主要的是教育的作品"[②],作为一种客观的"人类学事实"的教育现象存在于人的社会活动的全部过程之中,时刻影响着人的社会生成,教育在每一个体身上重演着历史的过程。"人的存在主要是由他在经济的、社会的和政治的状况中的生存所构成的。"[③]而人的生命,作为一种有意识的存在,属于能知者的王国。然而在农业社会,在以农业生产技术为主的自然经济条件下,社会分化和专门化的程度很低,社会成员之间没有高度依赖,对立阶级的压迫和斗争日益激烈,而国家又以暴力手段在社会上建立起被统治阶级对统治阶级的依附和服从,所以说,无论是从经济机制、技术机制还是政治机制来说,都没有为教育的发展提供一个稳定的发展平台。

---

①《当代中国社会转型论》,陈晏清主编,山西教育出版社,1998 年版,第 29 页。

②《时代的精神状况》,[德]卡尔·雅斯贝斯著,上海译文出版社,2003 年版,王德峰译,第 107 页。

③ 同上,第 24 页。

就是在这样的一个社会阶段，学校出现了，这标志着人类正规教育制度的诞生，也是人类文明发展的一个质的飞跃。处于该社会状态中的学校教育都集中表现为为统治阶级服务，教育目的、教育内容、教育方法以及教师的选择和任用等方面都以统治阶级的利益为出发点，以服务于统治阶级的物质和精神为目的。对被统治阶级来说，教育成了奢侈品，普通劳动人民根本没有接受学校教育的权利，只能在生产过程中以“师徒制”的方式进行有限的知识和技能的学习。这种劳动人民之间的朴素的学习行为，其目的直指生产实践活动，这种学习只是一种泛化的、经验式的学习，不具有专门化的特点。

由于统治阶级控制着学校，而他们自身又几乎不进入生产活动的实践过程，因此农业社会教育发展的一个主要特征就是教育与生产劳动相脱离，专门化的学习活动不具有生产实践的特点。教育鲜明的阶级性，导致学习活动成为一种等级的象征，学校成了统治阶级培养统治人才的场所，即只有那些拥有大量生产资料的统治阶级，才有闲暇时间用于专门化的学习。专门化的学习在这时是一种奢侈品。教育与学习活动没有从根本上发挥自己的本质功能，却成了统治阶级统治社会、束缚人们思想的工具，学校教育的封闭式存在不能明显改变人与生产活动发展受自然力的强大限制状况，从根本上说人和生产活动的自主性和自由性，在很大程度上仍然受自然经济的制约。首先从受教育者的条件来说，农业社会学校教育的主要对象是少数统治阶级，这是由当时的社会生产力所决定的，受有限生产力所制约，大多数劳动人民被剥夺了学习与受教育的权利，“使得人们的发展只能具有这样的形式：一些人靠另一些人来满足自己的需要，因而一些人（少数）得到了发展的垄断权，而另一些人（多数）经常地为满足最迫切的需要而进行的斗争，因而暂时失去了任何发展的可能性”[①]。由于参与生产活动的人没有得到应该得到的教育，而接受教育的人又不参与生产实践，这就从根本上影响教育在生产过程中发挥作用，不仅阻碍教育的发展，而且

①《马克思恩格斯全集》第3卷，中央编译局编译，人民出版社，1960年版，第507页。

也阻碍人和社会的发展。其次，从学习的内容和方式上来说，表现为学习与教育内容的阶级化、利益化。由于分工的不同，体力劳动和脑力劳动开始分离，使得统治阶级中的一些人把人的脑力活动作为自身主要的、甚至唯一的活动形式，从而使教育发展成特定的服务自身的形式，这样的学校教育必定要反映统治阶级的思想，为统治阶级的利益进行宣传和维护。他们不允许在学校中向自己的子弟传递只有劳动人民才需要的生产知识，从思想和观念上教唆他们鄙视生产劳动和与之相关的知识技能，从而使教育成为了统治阶级统治社会、束缚人们思想的有力工具。专门化的学习活动在封建强权统治下，成为统治阶级特有的权利。

马克思主义创始人曾指出："支配着物质生产资料的阶级，同时也支配着精神生产的阶级。"[①]在农业社会，由于教育与学习脱离了物质生产活动，脱离了实践，既使教育自身缺少了发展基础和动力，也使社会生产力的发展缺少了必要的要素，进而阻碍了整个社会的发展。作为生产劳动主力军的被统治阶级，由于被拒绝于学校教育的大门之外，他们所具有的生产劳动经验的积累、传递和发展受到了限制，使农业社会中人们改造自然的能力还受到人自身发展的局限，人类生产活动所应具有的创造性和自主性仍受自然经济的限制。处于被统治地位的人们凭借个体的、分散的经济条件，还不能操纵自己的命运，在以为统治阶级服务为宗旨的教育的支配与改造下，也只能依附于统治阶级，这也决定了他们失去了独立的可能性。因而从农业社会的经济、政治和文化发展的角度来说，没有重视劳动人民的学习实践，没有认识到劳动人民受教育与学习对促进社会发展的作用。而对统治阶级来说，学习只是一种出于分工需要而进行的活动，是少数人的学习，是脱离生产实践的学习，其结果使阶级分化日益突出。对被统治阶级来说，他们只能依靠生产生活实践过程中"师徒制"方式对生产劳动经验和技能进行学习，是一种自发的行为，也是农业社会学习的主要方式。这种自发的学习使学习主体、学习内容更具差异性和不确定性，也使农业社会的学习思想

①《马克思恩格斯选集》，第1卷，中央编译局编译，人民出版社，1972年版，第52页。

和观念打上了农业社会的时代印记，限制和阻碍了人和社会的发展。在整个农业社会的发展状态下，"个人和社会都不可能想象会有自由而充分的发展，因为这样的发展是同(个人与社会之间的)原始联系相矛盾的"①。

综上，农业社会发展阶段，人们受制于生产力发展水平，自然主宰人们的生活节奏，需要用体力换取劳动成果，人们的学习是被动的适应性学习。因此，农业社会的学习停留在一个较低的水平，距离全民学习与终身学习较远。

## 第三节　工业社会发展及其学习的特征

对于整个人类社会发展来说，发生在18世纪中后期的工业革命，才是人类迈向现代化、展现主体性的开始。从那时起，人类进入了以商品经济、机器大生产为主的工业社会，在生产方式、生活方式、生产力、生产关系、社会文化等方面发生了巨大变化。马克思在19世纪40年代曾对此惊叹："资产阶级在它的不到一百年的阶级统治中所创造的生产力比过去一切世代创造的全部生产力还要多，还要大。"②

农业社会后期，脑力劳动和体力劳动的分工发展，社会精神文化的成就日益丰富，物质生产活动积累了丰富知识经验和技术成果，人们对自然和社会生活本身的认识有了一定的深化和扩展，推动了人类智力的进步。各种改造自然的生产实践的知识开始从经验形态向理论形态过渡，不断实现着从实践经验向理论的飞跃，有效地指导着生产活动，增强了人们改造自然的能力，为社会的变革创造了条件。土地所有权的改变，给资本主义生产提供了大批的自由劳动力，进而改变着社会各阶层的经济力量的对比；科学技术的发展，不仅为资本主义生产打开了广阔的市场，也为它的发展提供了生产效率上的保证。农业文明的发展所孕育的各种变革因素和资本的原始积累，终于使人类社会历史发展有了

①《马克思恩格斯全集》，第46卷(上)，中央编译局编译，人民出版社，1979年版，第458页。

②《马克思恩格斯选集》(第1卷)，中央编译局编译，人民出版社，1972年版，第256页。

一个根本性的转折，工业社会诞生了。

工业社会是在农业社会的基础上形成、发展和建立起来的一种相对高级的社会形态，农业社会的文明成果成为工业社会产生的独特的历史规定性。在自然经济条件下，不断提高农业劳动生产率的客观要求，来自社会生活各个方面的需求促进了手工业的发展。手工业是在自然经济条件下，采取以家庭为基本单位的个体劳动方式，但它是与商品经济相联系的，因此它的发展必然会受到商品经济发展的内在规律的制约。农业生产率的不断提高和手工业产品消费市场的逐渐扩大，促进手工业生产形成自身发展的方式。手工业的发展又反过来推动商业的发展，随着商业利益的扩大，商人又把赚来的钱投入到手工业生产中。在这一过程中创造出了资本主义生产方式的最初形态——简单协作的手工业作坊。而商人对利益的追求是无止境的，更大的利益促使他们加快了工场手工业的生产。这种新的生产方式不仅仅是工业革命产生的现实基础，而且它也孕育了工业文明。农业文明的成果还表现为固定资产——土地的集中，生产经验、技术和知识的不断增长。马克思明确指出："土地所有权的垄断是资本主义社会生产方式的历史前提，并且始终是它的基础。"[①]在农业社会，土地关系的变革成为农业革命的一个重要内容。通过没收土地，强霸农民土地所有权，赤裸裸的圈地运动和土地所有制改革，推动了土地集中和农场制经营方式的不断发展，催生了农业技术的改良，为工业化提供了基本保证，刺激了农业的发展，摧毁了个体小农经济，推动了商品经济的发展。工业社会在根本上超越了农业社会。

首先，工业社会是以机器化大生产为主要特征的工业文明的社会历史发展阶段。在农业社会中，手工工具的使用造成人们改造自然的能力难以摆脱自然局限性，因而外部自然力依然表现为对人的控制，有限的生产工具和生产力都不能把"'自在的'自然力转变为'属人的'自然力"[②]。只有大机器工业才能创造

---

①《马克思恩格斯全集》，第 25 卷，中央编译局编译，人民出版社，1974 年版，第 696 页。

②《当代中国社会转型论》，陈晏清主编，山西教育出版社，1998 年版，第 35 页。

出驯服自然力的条件和方式。人们通过机器化生产方式进行征服自然的活动，使他们感到自身自主力量的强大，极大地提高了人类征服自然的信心。因此，马克思说："工业的历史和工业已经产生的对象性的存在，是人的本质力量的打开的书本，是感性地摆在我们面前的心理学"[①]。工业社会日益创造出的大量物质财富，满足了人们社会生活的各个方面的需求。工业社会开始注重以创新为特征的生产技术的发展，促发了人们的生产方式和生活方式不断发生革命性的变革，加快了人类社会发展的进程。

工业经济的发展也推动了社会分工的发展，致使社会生活出现高度的分化和专门化。在农业社会中，社会分工仅有一般的分工，即农业、手工业、畜牧业等大类的分工，个体的、分散的、自给自足的自然经济还没有进一步分工的经济需求和技术要求；而以机器生产为主的工业社会必然要求生产过程各个环节进行分化和专门化。生产活动的分化和专门化促进了专门技术和专用工具的发展和利用，也提高了劳动生产率。分工的发展还表现为社会生产总体过程各个环节的分化和专门化，打破了自然经济中生产和消费的自然统一，使生产、分配、交换等经济行为变成各种专业化的部门。经济领域里分工的发展导致社会生活的复杂化和多样化，社会生活各个环节成为相对独立的、但对社会整体而言又是局部性的领域。由于分工的不断扩大，分工的各个部门成为只具有局部功能的环节，个体仅仅掌握个别专业技能即可，各个部门和群体不再是自给自足的，而是相互依赖的。因此工业社会生活的高度分化和专业化更加促进工业社会成为一个有机整体，各部门或领域之间的内在机制能有效地实现社会整合；工业社会生活的高度分化和专业化，使人的各种能力发展趋于专业化，而各种能力的发挥又依赖社会生活各方面所提供的条件，这就造成各种能力在事实上转化为社会的能力。个人在社会的分工体系中，只有通过交往、学习，才能成为独立的、自主的主体，进而为社会整体贡献力量。

---

①《马克思1844年经济学手稿》，载《马克思恩格斯全集》(第42卷)，人民出版社，1979年版，第88页。

工业社会较农业社会的文明程度更高还主要表现在教育领域。教育与生产劳动从分离走向融合，教育的生产性和公共性不断突出，但与社会生活相脱离。在完全以自然经济为基础的农业社会中，学校教育为统治阶级专有，类型单一，教育内容根据统治阶级的需要而定，几乎没有生产知识。此时，教育的性质和发展由统治阶级所决定。同时，机器大工业以及分工的发展渐渐改变了教育的发展方向，教育越来越专业化，从而出现了与生产劳动相结合的教育方式。应工业生产的要求，现代学校出现并得到发展，它一方面依赖生产经验、技术和知识的不断积累，另一方面也依靠分工的高度化和专业化，从而逐渐形成在体系上更完备、类型上更多样、层次上更清晰、性质上也更世俗化的现代学校。以大规模的班级化教学为主要形式的学校教育，为现代化机器的操作提供了大批的劳动力。教育在按生产活动的要求培养劳动者的过程中，逐渐作为一种潜在的生产力成为工业经济发展的杠杆。正如马克思在《资本论》中所指出的："从工厂制度之萌发了未来教育的幼芽，未来教育对所有已满一定年龄的儿童来说，就是生产劳动同智育和体育相结合，它不仅是提高社会生产的一种方法，而且是造就全面发展的人的唯一方法"。①

工业社会初期，农业社会教育阶级性的影响还存在，广大劳动人民仍然被专门化的教育和学习排斥在外，但随着工业生产对劳动者的受教育程度的要求逐渐提高，工业社会的发展在一定程度上克服了教育普及与教育阶级性之间存在的矛盾，日益推动教育向广大劳动人民服务、推动教育向服务于社会的公共事业转变，从而扩大了受教育的对象。越来越多的人通过接受教育和学习，更深刻地认识了自然和人类自身，人的主体性得到了进一步提升，改造自然、改造社会以促进自身发展的目的性越来越强，人的整体素质有了一定提高。此时适应工业社会发展要求的教育科学研究与自主的专门化的学习活动也得到了发展的机会，所进行的教育科学研究成果反过来又为工业社会的发展提供了条件。

---

①《马克思恩格斯论教育》，华东师大教育系编，人民出版社，1986 年版，第 229~230 页。

产业革命后生产力水平大大提高，人们的社会生活也得到了很大程度的改善，越来越多的人开始拥有越来越多的个人自由支配的时间。科学生产技术的迅速发展促进了机器化大生产，提出了掌握一定生产劳动技术的大批劳动力的需求，为一些人接受教育和学习提供了一个发展平台。同时，人的现实生存与发展的需要也促使个体主动地去学习一些有关生产和生活的知识和技能，人的主体性意识得到一定程度的提升。工业社会的学习活动较农业社会的学习活动又有了新的变化。

首先，这种变化表现为以“知识”为中心的学校教育与学习内容与方式的单一化。F.培根提出的口号“知识就是力量”代表了经验自然主义科学兴盛时期的一种时代精神，学校教育制度的兴起以及与此制度相适应的传统教育理论的确立，无不受到这种时代精神的鼓舞。培根在他的《新大西岛》(*The New Atlantis*)中描绘了一个知识的乐土，在他看来，科学的进步走的是一种积累式的道路，知识在量上的增加也就是人类幸福的增加。培根在《新工具》中还认为意志和情感是阻碍人的理智的因素，他倡导“知”的精神在学校教育的核心地位。在笛卡尔的“我思”主体观、莱布尼兹的单子论、培根的知识论以及知性思维方式基础上，确立的传统教育理论体系为工业社会教育的迅速发展提供了科学依据。这个时期，科学教育成为学校教育的主要内容。建立在工业经济基础上的学校教育必然服务于机器化大生产要求，不仅要在量上培养大批的符合机器化大生产所需劳动者，而且在质的要求上也越来越精细和专门化。学校教育中，学习者只能接受既定的、标准化内容进行学习，因此，造成了技术、知识对人的分裂和摧残，使这样的生产知识和技术成为人的异己的存在。在这样的学习活动中，不仅不能自觉发挥作为学习与生产实践主体的主体性，而且这种主体性在机械、单一的教育和学习活动中越来越弱化了。工业社会学习活动的机械性和单一性不仅造成了学生主体性的缺失，也造成了整个工业社会主体人的标准化发展。机器化大生产在发挥用机器去代替和加强人类的肌肉功能的同时，也在“异化”人，人逐渐成为机器化大生产的一个不可缺少的零件，教育也被烙上了工业化生产的烙印,成为“普罗克拉斯提斯的铁床”,批量地生产着相同规格的人力资源。教育就像一个制造业,进行着“标准件”的生产。单一化的教育与学习活动催生了标准的、毫无个性的人。

其次,教育“秩序”信念的普适化与学习主体地位的丧失。以牛顿力学为代表的近代经验自然科学对自然界运动变化的基本过程中潜伏着决定性的、可逆的秩序是深信不疑的。随着“力”的概念的普适化,“秩序”的信念也上升为工业时代精神的重要特征,并影响和支撑着传统教育理论,认为人的发展过程也同自然发展过程一样受某种不变的秩序支配。夸美纽斯在《大教学论》中写道:“秩序是把一切事物教给一切人们的教学艺术的主导原则,这是应当、并且只能以自然的作用为借鉴的。”[①]随着这种决定论的“秩序”而来的就是人的发展过程的可控性,或叫作人的“可塑性”。这种“可塑性”并不是主体的自我塑造,而是人被当作客体以后所“获得”的可改造性。正如科学家宣称“给我一个支点,我就可以撬动地球”一样,某些教育理论家也声言:给我“十几个健康的、体格匀称的婴儿和我所设计的特殊环境,那么,我保证能把他们中的任何一个训练成我想要选择的那种类型的专家”。[②]这样,作为教育对象的人在教育和学习的过程中就会按照工业社会发展的要求去学习,但没有可选择性,仅仅是作为一个只要输入一个刺激 A 就必定会输出一个反应 A′物体。人作为主体自我创造的能动性在学习活动中消失了。传统教育理论的奠基人赫尔巴特在他的《普通教育学·教育学讲授纲要》中写道:“教育学以学生的可塑性为其基本概念。”“可塑性这一概念含有很广阔的外延,它甚至延伸到物质的元素。”[③]人的自主学习被转换成了物的可塑性、可改变性。所以工业社会的教育尽管在教育规模、教育内容等方面较农业社会的教育有了很大发展,但受教育者在学习活动中的主体地位始终没有真正确立。

---

①《大教学论》,[美]夸美纽斯著,傅任敢译,人民教育出版社,1984 年版,第 80 页。

②《当代西方教育理论》,R.梅逊,陆有铨译,文化教育出版社,1984 年版,第 186 页

③《普通教育学·教育学讲授纲要》,[德]赫尔巴特著,李其龙译,人民教育出版社,1989 年版,第 190 页。

第三，教育脱离社会生活与学习的科学化。传统教育理论对教育理论的狭隘理解导致了教育与人的社会生活的脱节。“交往是社会生活的开端，同时也是社会生活的基本内容。”[①]人的本质在其现实性上是一切社会关系的总和。然而，工业社会仅仅是从社会生活中取出一个片段来作为研究对象，教育与社会相割裂。教育就局限在学校的教学活动中，学习被禁锢在那些经过理性的过滤和分解的“客观—科学世界”中，却没有丰富多彩的“生活世界”，因此教育脱离社会生活与学习的科学化。

工业时代是一个高扬科学精神的时代。科学理性成为学校教育追求的主要目标，求真、务实的科学精神成为指引学习的明灯，以精细、量化为特点的科学式的学习成为学生的主要学习方式。但科学并不代表一切，它只是人的发展的一个重要工具。对于人来说，科学式的学习是必要的，而人文式的学习更是人内在的、深刻的本质需求。片面强调人的科学式的学习，更多的人在机械、被动地运用科学理性工具，支撑它的人文精神却被埋没，甚至日益退化，人日益成为“单向度的人(one-dimensional man)”。因此在工业社会条件下的科学式的学习是对人的完善性的支解，工业社会的教育只向人展示“客观—科学世界”是不能为人的生成提供全方位的辅助的。

综上，尽管工业社会在根本上超越了农业社会，其教育与学习层次均有所提高。然而，仍然不足以满足学习型社会发展的要求，只有当世界经济从工业经济转向知识经济、信息经济时才具备学习型社会的经济基础。

## 第四节　学习型社会的历史进程

“在任何一个稳定的社会中，任何一个占优势的变革浪潮的发展前景，是比较容易看清楚的。相反当一个社会被两个或更多巨大变革所冲击，没有显出优势时，对未来的信念就会被弄得支离破碎，对变革的意义就难以辨别和选择。”[①]

①《社会历史哲学引论》，张尚仁著，人民出版社，1992年版，第244页。

“当我们认识到第三次浪潮的变革是与第二次浪潮消退相联系时，我们就可以觉察到一个性质截然不同的潜在的秩序。这对我们对未来的选择认识更明确，而且是透视政治和社会的X光，提供了洞察个人在历史中的作用。”[②]两次浪潮的冲突是以紧张的政局为中心贯穿于今天社会的。“因为世界上的许多严重问题都不能在工业制度中解决了。”[③]第三次浪潮首先在技术发达的国家开始，从经济领域一直影响到政治领域、文化领域和人们的社会生活的方方面面，“一个新的文明正在我们生活中出现”，赫钦斯所说的“学习型社会”已经成为适应第三次浪潮的社会结构。

## 一、学习型社会的经济基础：知识经济

知识经济是近年来才兴起的。“知识经济”这一概念明确提出是在1996年的世界经济合作与发展研究组织（OECD）的一份题为《以知识为基础的经济》的报告中。此前曾有“超级信息经济”“软物化经济”“信息经济”“高技术经济”等提法，但这些概念都不能准确地揭示这一经济形态的特征。“1996年经合组织在其报告中认为：知识经济是指建立在知识和信息的生产、分配和使用之上的经济。它是和农业经济、工业经济相应的一个概念，用以指当今世界一种新类型的、富有生命力的经济。”[④]

不管人们是否承认，世界经济正从工业经济向知识经济、信息经济转变，它的发展是一种客观的、不以人的意志为转移的自然历史过程。知识经济的到来开辟了经济史上的一个崭新时代，它给人类社会带来的“第三次浪潮”正在“创造着一个新的文明”。知识经济作为一种新的经济形态，是由一定的生产力发展水平决定的。作为“人类劳动力发展的测量器”——劳动工具的使用和创造，又是判断社会经济形态的一个重要标志。按照马克思的观点，劳动资料是确定社

①②③《第三次浪潮》，[美]阿尔温·托夫勒著，生活·读书·新知三联书店出版，1984年版，第5页。

④《知识经济发展对教育提出的挑战》，王丽娅著，中国经济出版社，2002年版，第1页。

会经济形态的根本标志。各种经济形态的区别不在于生产什么，而在于怎样生产（生产工具）、用什么劳动资料生产（生产资源）。马克思的“劳动工具”决定社会经济形态，“劳动资料”确定社会经济形态，二者是判断一个社会经济形态的产生和存在的根本依据和内在规定性。在人类社会的不断发展和更替进程中，社会经济形态的发展始终遵循着马克思关于社会经济形态发展的唯物史观。

知识经济的产生和发展既是建立在工业经济的基础上，同时也是“工业文明”不能存在下去的历史条件下的产物。工业经济的高速发展，逐渐满足人们对物质财富和利润的追求，实现着人类社会的财富积累。但工业社会的“标准化、专业化、同步化、集中化、好大狂、集权化，这六个互相联系的原则所组成的工业化文明的法则，影响到人类生活的各个方面”①，人们的生活被机器与技术异化，表现为生活同步化、标准化、时间结构群体化、教育培养标准化等。工业经济的发展实现了人们的生活从生存型向享受型的转化，但工业经济中人类的自我膨胀极大地破坏了自然环境，也开始威胁人类的生存。正如未来学家阿尔温·托夫勒在《第三次浪潮》中所指出的，工业文明“本身的两个变化，使工业文明不可能再正常的生存下去。第一，征服自然的战役，已经达到一个转折点，生物圈已经不容许工业化再继续侵袭了；第二，不能再无限的依赖不可再生的能源。”②环境和资源问题增加了工业社会内部正在发生分崩离析的压力，工业文明内部人们的欲望、价值观念改变造成的麻烦，是这个时代的基本事实，工业文明正在消逝。事实上，工业经济中人们的“大量消费物资”的体面的生活方式正在被一种新的需求慢慢取代，促进着社会整体价值观的转变。知识经济正是在这样的历史条件下自然地走到了历史最前面，成为唯一可替代工业经济的一个新的经济形态，其自身的先进性切实让我们感到在人类社会发展的今天，知识经济给人类创造的物质和精神财富是以往的经济形态不可比拟的。知识经济的明显的优

①《第三次浪潮》，[美]阿尔温·托夫勒著，生活·读书·新知三联书店出版，朱志炎、潘琪、张焱译，1983年版，第8页。

②同上，第14页。

势，表现为以下几个方面：

第一，资源的不可消耗性和环保性。

资源是一个具有很强历史属性和动态属性的概念。传统资源观的资源主要指自然资源，对社会资源则一般回避不论；而知识经济资源的构成不仅包括自然资源，而且包括社会资源，即非自然资源。“传统资源观仅仅是一个历史阶段很强的过渡性概念，它代表着人类完全或主要依靠对自然资源的开发和利用而生存发展的那个时代的认识与归并。”[①]随着人类社会、科学技术和经济的发展与进步，资源的观念开始逐步超越自然领域而进入社会领域，许多非自然因素，即社会因素越来越成为一国社会财富的形成与资源积累，自然资源的含量日益缩小，而非自然资源的地位与重要性以及含量不断提高，于是这些因素逐渐被人类认识并揭示出它们本身所固有的资源属性（如教育资源、智力资源、信息资源等），这些资源也越来越成为许多发达国家或某些发展中国家处于领导地位或主导资源。当前，知识作为一种重要的生产要素广泛的渗透到了经济生活的各个方面，影响并决定着当今世界经济的发展。它已成为决定国家、产业和企业竞争力的重要因素。

我国著名学者吴季松博士综合了30年来关于知识经济的各种提法，认为“知识经济是指区别于以前的，以传统工业为产业支柱，以稀缺自然资源为主要依托的新型经济”，它是“以智力资源的占有、配置，以科学技术为主的知识生产、分配和使用（消费）为重要因素的经济”。[②]以知识、信息、智力为知识经济的主要生产资料，都是知识经济无形资产的投入，是人类长期积累、创新的成果，不会因为人类世代的更替而消失，也没有贫富贵贱和权责轻重之别，托夫勒在《权力的转移》一书中写到“知识可以为弱者和穷人所掌握，这是知识的真正革命性特点”。而工业经济是以自然资源的占有和使用为生产资料，是一种有形之物，这些生产资料很大程度上受自然条件的限制，是不可再生的资源，而且在资

①《知识经济发展对教育提出的挑战》，王丽娅著，中国经济出版社，2002年版，第3页。

②《知识经济》，吴季松著，北京科学技术出版社，1998年版，第12页。

源的占有上存在着极度不平衡。在对这些资源利用的过程中,存在着消耗和不完全利用资源的客观事实,造成资源的浪费。就其结果而言,以物为主要生产资料的经济活动是以破坏人类与自然环境的平衡来获取最大利润,造成文明疾病的产生,危及人类自身的生存。正如托夫勒在批评工业文明的阴暗面时指出"走向未来的道路,不是重新恢复更加悲惨的过去。愚蠢而失去理智地憎恶自己时代和人民的人,很难为创造未来奠定良好的基础"①,进一步指出"工业文明的两个非常重要的基本补贴:廉价的能源与廉价的原料均将消失","工业文明正在消逝,在创建第三次浪潮中,塑造我们的余生"。②第三次浪潮的主要产物就是知识经济,它作为一种更文明的经济形态,对资源的消耗及对人类生存的影响是与以往经济生产存在巨大差异的,主要因为这种"原料大部分可以再生,资源广泛,集中和分散相结合的生产方式,没有危险,浪费少"③。知识经济的繁荣并不直接取决于资源、资本、硬件技术的数量、规模和增长,而是直接依赖于知识或有效信息的积累和利用,所以是一种高智能低物质消耗的经济,"是一种促进人与自然协调、可持续发展的经济"④。

第二,世界经济的一体化和经济发展可持续化。

"知识经济是在世界经济一体化条件下的经济。"⑤根据大卫·李嘉图提出的观点,知识经济与工业经济有一个共同的发展前提,就是需要一个统一的世界市场。统一的世界市场,使世界贸易得到不断的发展。工业经济就是通过这个统一的世界市场来无限制地汲取它所需的廉价的自然资源和劳动力资源。而知识经济是以知识、智力等无形资产的投入实现可持续发展的,它也需要一个统一的世界市场来汲取、整合这些资源。由于知识资源自身的特殊性,即不可消耗

① 《第三次浪潮》,[美]阿尔温·托夫勒著,生活·读书·新知三联书店出版,朱志炎、潘琪、张焱译,1984年版,第14页。

②③ 《第三次浪潮》,[美]阿尔温·托夫勒著,生活·读书·新知三联书店出版,朱志炎、潘琪、张焱译,1984年版,第15页。

④ 《知识经济》,吴季松著,北京科学技术出版社,1998年版,第24页。

⑤ 同上,第25页。

性、环保性、共享性等，就使任何一个国家都不具有任何“自然的”优势或劣势，特别是在面临全球资源消耗却没有大量增长的情况下，世界大市场成了各国经济持续增长的主要因素之一。高科技产业和信息科学层出不穷的快速发展，任何一个国家都可以充分利用自己的“知本”资源，“有所为，有所不为”。知识经济的生产资料、生产方式、生产结果的整个过程都旨在促进人与自然协调，进行可持续发展。在工业经济不考虑或极少考虑环境效益、生态效益和社会效益的历史前提下，知识经济在更高层次上把科学与技术融为一体，促使人们科学全面地认识自然、认识人类社会，实现知识经济的人与自然协调、可持续发展的目标。

第三，教育和学习是知识经济发展的根本动力。

“任何一个社会劳动力的再生产是通过人口繁衍和教育来实现的。”①特别是在知识经济中，更需要通过教育培养适应科技劳动和生产的新型劳动力。在知识经济时代，人才是经济增长的决定性因素。知识经济就其本质而论，可以称之为人才经济。而人才是可以通过教育、学习等不断获得与发展。因此，OECD 认为：“教育是知识的中心，而学习将成为个人或组织发展的最有效工具”②。

“世界比以往更快地变化，由科技所推动的改变有它自己的速度，赶不上就会落伍。工作需要更高层次的教育及能力，不仅美国如此，全世界都一样……谁将是赢家谁将是输家的界限，似乎比以往更明显了，而这正是教育造成的。”③从 20 世纪 90 年代开始，在知识经济浪潮的冲击之下，世界各个国家都不断地进行教育改革，以迎接知识经济的挑战。美国作为世界上最发达的国家，不断地为自己确立称霸世界的目标，为了在 21 世纪知识经济的新角逐中立于不败之地并处于领先地位，从 20 世纪 80 年代开始，历届政府都十分重视教育的发展，在 20 世纪 80 年代进行了三次教育改革，拯救处在“危险之中”的国家，并进行全民普

---

①《知识经济发展对教育提出的挑战》，王丽娅著，中国经济出版社，2002 年版，第 4 页。

②③《以知识为基础的经济》，世界经济合作与发展组织，杨宏进、薛澜译，机械工业出版社，1997 年版，第 12 页。

及教育，为迎接即将来到的知识经济时代做准备。进入20世纪90年代以后，先后两次掀起教育改革的浪潮：1997年的教育改革旨在以高新技术更新旧的教育手段，坚持教育优先，保持其在知识经济发展中的领导位置，在这个阶段，美国已率先构建学习型社会。21世纪初，克林顿特别强调政府坚持不懈地为美国公民终身接受教育、终身学习创造良好的条件，建设好美国的学习型社会。美国利用近十年对教育进行重大改革。美国很自然地成为在世界经济一体化进程中的一个有强大经济实力的国家，它的发展影响着全世界。

欧洲联盟面对知识经济的迅速崛起，进一步从宏观上实施“科教兴国”的战略，依靠科学技术和教育，快速地、持续地发展经济。1997年7月，欧盟委员会发表《2001年议事日程》中明确提出“将知识化放在最优先的地位”，1997年底发表的“走向知识化欧洲”的报告又再次强调要加强欧盟的教育培训和人才的培养，突出强调教育是一种“战略投资”，是各成员“立国之本”，要注重“人才开发”，对公民要进行“终身教育”，对职工要进行“终身培训”，并致力实施各种职工培训和人才开发计划。欧盟历来把教育放在知识经济发展的中心，十分重视知识的生产、创新和运用。通才教育和专才教育重新发展，正规教育和职业教育并驾齐驱，20年来，欧盟高等院校的学生人数增加一倍，在实施教育、生产、科研一体化的过程中，保持了研究与开发投资年年增长，其中来自企业的投资占50%。与此同时，欧盟各成员国制定和发展各自的教育、科研计划、以增强各自的综合国力。欧盟利用内部大市场的优势，加强科技人才的跨国界流动、交流和合作，努力用高科技改造“夕阳工业”，进行结构性调整，普及对各国普遍的实施过于优厚的“高福利”政策进行改革，发展“再就业工程”，以加快学习型社会的建设。可以说，欧盟科技战略调整的三个关键环节——增加科技投入，实施面向市场的科技改革，实施“科教兴国”的战略。大力培养科技人才，是欧盟迎接知识经济的到来，立足21世纪发展，走向学习型欧洲所作的努力。

知识经济全球化的影响向世界各个角落渗透，重视教育和学习的发展已经是一些致力于知识经济竞争国家的共识。20世纪末日本提出“教育立国”的发展策略，芬兰提出“教育是国际竞争力”的发展名言并致力于追赶“第三次浪潮”，德国、加拿大、韩国、新加坡、马来西亚、印度和中国等国家，都致力于教育改革，以建立并巩固其在知识经济全球化竞争中的地位，因为教育的发展不仅仅涉及一个国家是否落后的问题，更关系着一个国家的生存问题。知识是一种无形物，它的存在必须依赖人，只有通过主体人的自觉活动，通过教育和学习，才能把知识直接转化为经济发展的动力。因此各国所进行的教育改革，主旨在于抢占优秀的人才市场，拥有高素质的人才才是一个国家经久不衰的优势。

人类进入知识经济时代，在掌握了更多知识的基础上，人们的社会认识不断增强，人类社会历史的进程受到人类社会认识进化的强烈影响，“自觉的”社会进化在速度上远远超出了“盲目的”自然进化。人类的能动性、自觉性与人对社会的认识和社会对自我认识发展紧密相关，学习型社会正是认识主体在知识经济发展的基础上自觉构建的。同时，在新时期知识经济又在应对学习碎片化问题和降低学习成本方面提供了解决方案，并通过知识生产创新和学习方式变革推动学习型社会建设。①

## 二、学习是社会发展的原动力

社会转型时期，知识的激增和教育与学习的重要意义的凸显引起的社会各领域的重大变化，促使社会主体通过持续的学习才能达成一些具体的目的，“……学习成为一种日常习惯，任何人都不能说‘如果我有时间我就去学习’。那样你有可能从来不会有时间的。”②与工业社会相比，学习型社会人们产生学习需要的动力是多源的，这些动力之源包括：“知识和信息技术的爆炸；公司和各种机构的自动化特征；欧盟政治、经济的一体化进程；无数人被迫停滞于劳动力

① 田晓伟，苏骁征. 知识经济发展促进学习型社会建设：理论分析与策略选择［J］. 清华大学教育研究，2019(3)：104~112.

② Peter Raggatt，Richard Edwards and Nick Small：*The Learning Society：Challenges and Trends*，Routledge London，1996，162.

市场边缘的生活;走向个性化发展趋势;自由支配时间权力的增多;人口老龄化;家庭类型和居住形式的多样化;男女、父母和孩子之间的关系变化;不同宗教和文化组织的共存;生存环境的重新评估,等等。”[①]世界变化的丰富性和繁杂性,不仅仅给人类的学习活动带来了学习的原因,更多的是人类如何通过学习来开发自身潜能的压力,它反映出之前人类学习中存在着极大盲目性和有限性,造成了人类自身潜能的浪费。这正如国际著名学术团体罗马俱乐部的三位成员在《回答未来的挑战》一书中所说:“学习的不足,导致了人类状况的恶化和人类差距的扩大。……这种状况使个人和社会在应对全球问题所提出的挑战方面,都未能做好准备。这种学习上的失败,意味着人类在作好准备方面,仍处于世界都不发达的水平……学习的失败从根本上说是我们一切问题的问题,这是因为这种失败限制我们应对全球问题中的其他每个问题的能力。”当然,人类自身潜能的深层高效开发还取决于经济、社会和其他方面的因素,但当今人类迫切需要知识,又面临“知识爆炸”的学习型社会,却由于人类对学习王国的总体认识仍处于初级阶段而造成的学习的巨大浪费,致使人类学习的潜能及其他潜能不能快速高效地发挥出来,严重地影响着人的自主性、自由性、创造力的发展,不能保证人在社会发展中主导地位的确立。

学习是人类特有的一种社会活动。人的学习活动发端于人类的生产劳动,即认识和处理人与自然界的关系的实践活动。长期以来,心理学家和教育学家力图揭示人类的学习过程。早期的桑代克、华生和稍后的赫尔、托尔曼、斯金纳以及加涅、巴甫洛夫、魏特默、考夫卡、苛勒等人都从不同的角度提出许多观点,著名的如“顿悟说”“内驱力说”“信息流程说”“条件反射说”等。这些理论在一定程度上说明了“自然人”的学习过程,而忽视了社会属性才是人的本质属性这个特征。从人类的发展来看,人类的主要学习是在劳动中进行的,劳动工具和劳动

① Peter Raggatt, Richard Edwards and Nick Small: *The Learning Society: Challenges and Trends*, Routledge London, 1996, 163.

产品体现着人类的经验和能力。人的学习又与人和周围的世界，主要是人与人之间的交往有关，交往是个体掌握人类社会历史经验的必要条件。语言的出现开辟了人类掌握社会历史经验的广阔的可能性。人类积累的历史经验的传递又要依靠人的有目的的，自觉的学习。

马克思主义认为，生产力是人类社会发展的最终决定力量。无论是传统的生产力还是新生产力，主体因素劳动力(者)都是生产力发展的核心，“没有劳动力(者)，其他的生产力要素都无法‘自动’起来，没有劳动力，一切自然物和自然力都不能成为社会生产力”[①]。究其根本，劳动力(者)的发展是与人的学习活动息息相关的，没有学习，就没有生产力的首要要素劳动力(者)，就没有生产力的进步。然而人们所指的生产力和生产方式的发展中，并没有把学习放在生产力要素中，也不把学习方式作为生产方式。但是，在学习型社会发展中，“学习必须进入生产力的要素中，而且是作为最具革命性的因素加进去”[②]，因为只有学习才能使剧增的知识和技术鲜活起来，才能使劳动力(者)具有生生不息的超前的创造力，才能适应世界竞争和发展的需要。学习作为社会发展的原动力主要是通过学习活动对学习主体的所产生的影响表现出来的。

首先，学习是人创造财富的基础。在农业社会和工业社会中，“三大社会实践”——生产斗争、社会斗争和科学实验是人类创造财富的重要方式，而在学习型社会，知识学习成为创造财富的重要形式。在以农业经济为主导的社会里，有形和有限的自然资源是它赖以存在和发展的资本也是财富，在以工业经济为主导的社会里，机器等制造设备和货币资本是工业社会快速发展的重要资本，在以知识经济为主导的社会里，信息技术和知识资本成为学习型社会发展的重要资源。社会发展资源的转变带来的不仅仅是“知识密集型企业的生产资料的归属问题不重要了，人的生产劳动能力，即体力问题也不那么重要了，而是知识的

①《新生产力论》，王征国著，人民出版社，2003年版，第3页。

②《新教育：为学习服务》，陈建翔著，教育科学出版社，2002年版，第10页。

归属越来越重要了"[①]。学习型社会中，对知识经济赖以生存的人们把更多的投资放到了服务与自身发展和完善的学习活动中，知识成为学习型社会最宝贵的财富，只要学会学习、肯学、善于学、知识在理论上则取之不尽，用之不竭。当知识已经成为学习型社会经济增长的核心因素，学习也成为人们获取知识或技能的一种重要的实践活动，当知识或技能成为学习型社会的财富，学习也就成为了人们创造财富的实践活动，即创造财富的基本方式。

其次，学习是人们开创新生活的主要手段。人类从诞生到今天，总是在学习中不断地进取，从而不断地开拓新的生存、生活领域，不断地开创新的生存、生活方式。人类从最初的茹毛饮血、攀缘穴居，到捕鱼狩猎、聚族而居，再到刀耕火种、修居定居；从结绳记事，到发明使用文字，再到计算机的出现；从钻木取火，到发现使用动植物能源，再到发现、使用矿物能源的电能、核能……这种种新的生存、生活领域的开拓，这种种新的生存、生活方式的革新，都是因为人类在不断学习的过程中，将知识、技能物化为现实的生产力，从而推动社会发展、进步带来的结果。

原始人学会了制造并使用弓箭和石斧等工具才最终脱离了动物世界，开始了人的生存与生活；奴隶社会的人学会了制造并使用青铜器和文字，才开始了文明人的生存和生活；封建社会的人学会了制造并使用铁器等，才摆脱了奴隶制生产关系，开始了"自由人"的生存、生活；同样，资本主义社会的人和社会主义的人学会制造并使用蒸汽机、内燃机、电动机、原子能、电子计算机等，才有了近、现代人的生存、生活方式。人的学习的发展，首先是人的智力、知识和技能的发展。人的智力、知识和技能发展到一定水平或程度，必然推动生产力的发展，而生产力的发展，即生产方式的改变和发展，又或早或晚地必然引起人们生存、生活方式的改变，这是不以人们的主观意志为转移的客观规律。在社会发展规律面前，每个人都有机会为自己开创新的生存、生活方式，但他必须是一个懂得

①《学习学导论》，于云才，董业明著，山东人民出版社，2004年版，第41页。

学习、善于学习的人。在学习型社会中，成功者已不再是经验最丰富的人，而是学习能力最强、变革速度最快的人。

在学习型社会中，每个人都面临着无数信息的选择，有正确的与错误的，科学的与谬误的，历史的与现实的，国内的与外域的……一方面人们必须依赖大量的信息资源，另一方面人们必须在无限多的信息中选择有利于自己生活、学习和工作，即有利于自己生存、发展和享受需要的信息，这就需要人们必须具有一种审视、辨析、选择和处理信息的能力，以达到对信息的有效利用。对于人类的生存和生活来说，获取信息不是目的，而是一种手段，仅仅是"一种使人怀着想象力和希望去建立新体系、提供新资料、创立自己新的生存与生活的新观念的手段"[①]。互联网使信息和知识的共享性超国界的散播开来，同一个信息可同时被许多人获得，这已经是学习型社会的现实。对每个个体而言，能否享用已获得的信息，关键取决于个人的学习水平和质量，归根到底取决于人的智力开发和运用；而人的智力开发和运用又取决于人的学习实践活动。有什么样的学习实践活动就会有什么样的生存和生活。持续不断的学习和创新，才能为自己开创更加文明、健康、科学的生存和生活方式。

知识经济独特的生产资料——知识，独特的主导产业——高科技产业，有理由比任何一个社会都需要其有这种"学会学习"的社会成员。1959年，德鲁克曾在《明天的里程碑》一书中就预言了知识劳动者将成为社会劳动力的主体。这样的人才能够创造好"学习型社会"，才能够在学习型社会更好的生存、生活。因此，OECD从理论上高度强调：知识经济必然是一种"学习经济"，"学习是极为重要的，可以决定个人、企业乃至国家经济的命运"。[①]基于知识和学习的重要性，教育的核心位置已成为社会发展的战略之一。教育是一个社会必不可少的建制，终生学习和终生教育是人们生存与发展的永恒主题。那么"一个社会既然赋予了教育这样重要的地位和崇高的价值，那么这个社会应该有一个它应有的名

① 《学习学导论》，于云才、董业明著，山东人民出版社，2004年版，第45页。

称——我们称之为‘学习化社会’”[②]。

再次，学习是人类的一种内在需要。人类对学习的内在需要，是其不断满足自身目标追求的原动力，是其积极行为的始点。社会发展的原动力之一便是人们日益增长的物质文化需要，这就促进了个体需要不断学习，社会需要不断更新科技，进而实现物质文化需要与内在需要之间的暂时平衡。当新的需要产生时，自然这一平衡将被打破，也就产生新的学习需求。

综上，学习型社会的理念促使人人学习、终身学习成为可能，也将形成社会不断发展的源源动力。

## 三、学习型社会的基本特征

“学习型社会”这一思想经过五十多年的理论研究和三十多年的实践探索，已经成为知识经济时代的产物并为各国所努力构建，已显露的趋势表明学习型社会至少有以下一些特点：

1.知识价值充分体现，自发学习向自觉学习转变

同以往社会形成和发展的经济基础来看，学习型社会是建立在知识经济基础上的新型社会模式。以知识为主要资源，是它与以往社会的主要区别之一，亦是它的主要特征之一。以往社会发展的主要资源是土地、劳动力、机器及其他设备、货币资本等，是一些有形的资源，知识的含量相对来说较小，而且人的能力的大小往往受这些资源的有限性局限，所以，在对这些资源的开发和利用的过程中，很难去深入挖掘含量较少的知识价值，亦不能把有限的知识有效转化为相应资源以发挥作用。在社会分配、消费的过程中，也往往不把知识作为一个主要参与因素。随着这些物质资源在长期社会发展过程中被大量使用，有些资源（如土地、森林等）已近枯竭，人力资本的有限性又更为不确定，而人对社会财富

---

①《以知识为基础的经济》，世界经济与合作发展组织，杨宏进，薛澜译，机械工业出版社，1997 年版，第 48 页。

②《学习型社会》，上海译文出版社，1979 年版，第 203 页。

需要的无限增长,使人对未来生产资源不断进行选择。在这种情况下,知识以其自身所具有的独特优势成为人们在工业文明将要终结的时候为新文明的到来所选择的主要资源。

以知识为主要资源的新兴产业的出现和发展构成了学习型社会经济发展的主要内容。这些产业主要包括知识产业、信息产业和高科技产业,都旨在充分实现知识的价值。以美国为例,“知识产业在1958年约占美国国民生产总值的30%;到1996年,美国投入信息产业的资本占资本总量的40%以上,有关专家预言,在今后十年内,美国信息产业的产值将翻一番”[①],“到20世纪末,高科技产业的无形资产已经超过总资产的60%”[②]。当今世界,已有五十多个国家建成了二百多个大规模的电脑信息网,互相提供了政治、经济、科技、文化、市场等方面的信息,到20世纪末,信息产业已经成为跃居传统产业之上的最大产业之一。知识经济在生产中越来越以知识产业、信息产业和高科技产业为其重要的资源依托,深刻地影响着生产活动中的主体学习方式的转变。

知识要转化为直接的生产力的前提条件是主体的自觉学习。知识是一种非物质的资源,它虽然以各种形式,如语言、书本、资料等来表现,但本质上是一种象征性的符号,作为一种转化的能量而储存在人的大脑里,只有通过不断地、自觉地学习,才能实现无形驾驭有形,发挥知识的资源作用,这种资源是生生不息、取之不尽、用之不竭的,是人与人之间共享的资源,是学习型社会持续发展的根本。在学习型社会发展中,知识无限增多,社会处在不断的变化状态中,就要求人的学习要从一种自在的状态中走出,进行自觉的学习,持续一生的学习,实现学习的终身化,使学习成为人的主要生活方式。

在学习型社会中,知识价值的实现与主体——人的自觉学习有着直接的联系,主体对自身的正确认识和客体对象的准确把握都决定着有什么样的知识

---

①《知识经济浪潮》,陶德言编著,中国城市出版社,1998年版,第20~21页。

②《知识经济》,吴季松著,北京科学技术出版社,1998年版,第11页。

产品，从某种程度上讲，这种知识劳动的复杂性是以往任何社会劳动所不具有的，而社会生活的变化也是深刻的：学习型社会的主导产业已经从工业社会以制造业为中心的工业产业变为以知识创新为中心的包括知识的生产、传播和使用在内的知识产业、信息产业和高科技产业；学习型社会的消费已经从工业社会的以制成品为主的物质消费变为以知识为主的消费形态；学习型社会分配已经从工业社会以资本为主的占有程度转向基于知识的占有程度。因此，学习型社会就是要求人们不断地去学习以获取和运用知识的能力，去适应这种知识劳动。

2.闲暇时间与工作时间界限淡化，学习成为一种生活方式

随着社会生产力的不断提高以及社会生活水平的不断改善，人们的平均寿命也在不断延长，而满足生产与生活的必要劳动时间在不断减少，这意味着闲暇时间会不断地增多。但是科学技术的发展并不会使闲暇时间绝对地增加，而是致力于从根本上消除闲暇时间和工作时间截然分开的社会。随着远程办公的发展，工作时间一定程度上可以由个人支配，许多工作可以在家里或其他场所完成，工作时间有了一种不确定性，社会成了一种“无工作日(Nonworking society)”的社会。“这种变化首要的是给每个人提供成为‘才’的机会，这意味着取代对维持生活的担心，就会尽可能地服务于公共商品的发明成果。”[①]可以认为，学习型社会不是停留于人们考虑如何满足基本生存需要的社会，而是考虑如何满足发展需要的社会。更为重要的是，人们一直对自己掌握的时间在利用上充满忧虑。因为早在20世纪30年代的发达国家实施缩短工作日的改革中，对一些白领阶层来说成效显著，但对绝大多数人来说都不知所从而浪费掉了。

这种现象表明提高全民整体素质的首要任务提到了学习型社会的日程中，提高素质的要求促使人们要不断地进行学习，“人类本质表明在他的整个一生

① *The Learning Society*, New York · Washington.London, 1968, p130.

中能够不断进行学习的，科学事实表明人类有能力这样做。"[①]科学技术的高速发展，为人的这种能力继续发展提供了各种条件，保证人的教育和学习不受时间、空间和年龄的限制，全面满足人的发展需要。因为我们坚持"智慧来自年龄"的这一普遍的、具有统计学支持的论断，学习为一个人成为智者提供了机会。在闲暇时间和工作时间日渐融合的学习型社会中，生活和工作通过学习这一途径被有机地统一起来，学习贯穿在人的生活和工作中，与生活和工作密不可分。作为旨在提高人的生活质量和自身素质的学习实践活动，学习成为人们选择的一种有意义的生活方式。

在以知识为生产资源的学习型社会中，新技术的革命性突变，越来越加重了人们生活和工作中知识积淀作用，人们的闲暇时间和工作时间都充满了知识变革的味道，学习从来没有像现在这样，成为一个人最基本的生存能力和生活方式。同以往社会的学习不同，学习型社会人的学习更具主动性和选择性，学习终身化使学习与人的整个一生的生活密不可分。因为"信息技术使学习成为一种各取所需的过程。"每一个学习者都可以"享用量体裁衣式的教育，按自己的需要和速度学习。"[②]学习成为人们的一种内在需要，"学会学习旨在强调，学习使人成为人"。[③]在赫钦斯的"学习型社会的核心理念是学习"的观点中，认为学习持续人的一生。在这种社会与人的发展要求下，自觉学习不仅是一种可能，更是一种积极的需求，一种实际的行动，自觉学习不仅仅是个体的行为，而是整个社会的行为。

而当今社会另外一个大的趋势便是全民学习。从新生儿到老年人，每一个人终其一生都是一个不断学习的过程。科技的进步，时代发展速度的加快，人们处于一个无处不焦虑的社会，这就要求每个人通过学习不断去提高自己，让自

① Frederick A. prageger，publishers New York. washington·London，1968，p130.

②《新教育：为学习服务》，陈建翔、王松涛著，教育科学出版社，2002 年版，第 68 页。

③ The Learning Society：Challenges and Trends，Peter Raggatt，Richard Edwards & Nick Small，Routledge，London，1996，p175.

已适应社会的变化，甚至是引领某一领域的进展。可见，全民学习与终身学习从被动到主动，已经成为学习型社会中人们的必备生活方式。

3.教育服务学习，教育和学习终生化发展

知识经济的发展对社会各个领域的发展既提出了要求又创造了发展的新条件，主要体现在学习型社会中教育和学习的发展过程。学习型社会教育较以往社会教育的不同，首先体现在对高科技的广泛应用方面，增加了教育系统许多新成员，如远程教育、网络教育、网上图书馆等等，充分实现着资源共享。高科技的运用催生了学习型社会新教育产生。不可否认的是，当今"互联网+教育"的模式更加推动了学习型社会的发展，碎片化时间的利用使学习的场所发生了重大变革，让学习更加便利地发生在日常生活的每一个角落。

这种新教育与旧教育的根本区别就在于通过帮助个体的学习来促进个性自由、全面发展，而以往教育则更直接地强调对人的培养或塑造。这就是说，新教育是围绕着每一个人的学习，尽可能地为学习者提供各种帮助，满足个人自由、全面发展的需求，即教育服务学习已成为学习型社会特征之一。在人的自主性、自由性、创新性的扩展和深化的过程中，人在学习中的主体地位也已经确立起来，自觉学习对教育的要求日益强烈，个性化、互动的、终生的学习成为必要和可能。在这种前提下，教育就不再进行人才的批量生产，而是根据学习主体的多样需要提供服务，以终身学习的需要提供终身教育的服务。

学习型社会教育与工业化社会教育的主要区别有以下几方面：第一，学习主体地位确立，教育真正进行"因材施教"。工业化教育是以"教师"为中心，学生在学习过程中是从属地位，是客体、学习中表现出被动性，因而不能真正实现自我发展。在学习型社会，学生成为学习的主体、首先具有了自我认知和自我教育的能力。可以进行选择性学习，从学生主体需要进行"因材施教"成为教育"自身实践"的重要任务，进而全面开发人的潜能。第二，教育时空的开放性。终身教育和终身学习的统一。"知识爆炸"带来的最直接的后果是时空的"裂变"。从空间上来看，世界被缩小成了"我"的视窗，而"我"通过视窗放大了整个世界。知识网络的发展，真正把世界和"我"紧密联系起来，使"我"能实现"穿越时空遂道"进入远古时代和未来时代。从时间上来看，未来与现在不再隔阂，未来重于过去。这也给传统封闭的工业化教育系统带来了猛烈冲击，促使教育实现时空上的开放。正如杜威在《学校与社会》一书中指出的：过去"我们往往从个人主义观点去看学校（教育），以为它不过是师生之间或者是教师和儿童的父母之间的事情……但是，眼界需要扩大……任何时候我们想要讨论教育上的一个新运动，就必须特别具有比较宽阔的或社会的观点。"[①]学校教育不再是教育和学习的主要场所。教育和学习可以在家庭、社区、工厂、公司等社会的各个场所进行，没有时间、空间的约束，教育和学习的内容也更丰富。学习主体也发生了变化，不单单指学生作为社会中规定在校读书的受教育者，而且超出了这一狭小的团体，拓展到社会的每一个成员，学习民主化、全民学习的进程被提了出来，人人都有学习的权利，社会和教育也服务于每一个人的学习，从整体上提高全民素质，做物质财富极大富裕的学习型社会的主人。从学习主体个人来讲，学习从终结性走向终身性，从学校走向社会。工业社会教育的学习具有阶段性，即分阶段进行教育，拾级而上，不可跨越。而在学习型社会，这种教育和学习的阶段性明显消失。取而代之的是终身教育和终身学习。这是社会与人和谐发展的结果。社会发展要求人不断地学习，充实自己，享受生活，为各成员提供各种教育，人要求适应社会发展，满足自我生存和发展的需要，实现人的真正生命意义，就要终身学习，以教育服务学习为纽带，促进社会和人的和谐发展，实现人的真正价值，即是学习型社会的最终目的。

学习型社会与终身教育体系的建设也是我国当前和未来社会发展与教育改革的一项极其重要的任务[①]。终身教育、终身学习与学习型社会在理念上是高等一致的[②]。近些年来，我国的老年大学数量与规模不断扩大，也充分体现了我

① 《学校与社会 明日之学校》，[美]杜威著，赵祥麟、任钟印、吴志宏译，人民教育出版社，1994年版，第27页。

国在学习型社会建设与发展上的努力和成效。据不完全统计，我国现有近七百所老年大学，2016 年 10 月国务院办公厅印发的《老年教育发展规划（2016—2020 年）》提出，到 2020 年，以各种形式经常性参与教育活动的老年人占老年人口总数的比例达到 20%以上。③

描述一个社会的特征，有利于认识这个社会的本质和发展进程。学习型社会是这些特征的主体，这个主体的发展不是阶段性的，而是持续性的。当前许多西方发达国家和亚洲一些发达国家都在相继构建学习型社会。如美国、英国、德国、瑞典、日本、新加坡等，尽管学习型社会还在探索构建中，但现有的一些成果已经表明，学习型社会将是越来越多的国家为之努力构建的社会形态，我们坚信推动构建学习型社会进程的积极因素始终是社会历史进程的主流。在人类历史发展更替的进程中，社会主体——人的自主性、自由性和创新性一直在不断地扩展和深化，这种发展趋势的本身就是“人类自觉地把握自身命运和社会历史进程的努力”④。

综上，通过建设学习型社会，个人善于不断学习，并形成全民学习、终身学习、积极向上的社会风气，最终将促进并保障全民学习和终身学习的发展。

---

① 高志敏，朱敏，傅蕾，等著. 中国学习型社会与终身教育体系建设：“知”与“行”的重温与再探[J]. 开放教育研究，2017，23(4)，50~64.

② 朱敏，高志敏. 终身教育、终身学习与学习型社会的全球发展回溯与未来思考. 开放教育研究，2014，20(1)，50~66.

③ 国务院办公厅. 老年教育发展规划(2016—2020 年)[J]. 老年教育(老年大学)，2016(11)：5~10.

④《当代社会转型论》，陈晏清主编，山西人民出版社，1998 年版，第 43 页。

# 第二章　学习型社会的价值理念与社会结构的特点

## 第一节　学习型社会的价值理念在于彰显人的主体性

学习型社会是一种全新的生活方式,必然要求有与之相应的思想观念作为支撑,而这种思想观念的核心正是哲学中称之为主体性的东西。如果缺失了主体性,“即使完全由人构成的社会,也可以被看成同人的活动无关的抽象物”①。我国学习型社会的构建,在强烈呼唤着人的主体性。一方面,要求人有更高的主体性的自觉,即要求人更加有作为;另一方面,人也需要寻找新的生活意义的支撑,提供坚定明确的价值观念的支撑。从党的十六大报告提出“全面学习、终身学习的学习型社会,促进人的全面发展”,到党的十九大报告提出“办好继续教育,加快建设学习型社会,大力提高国民素质”,中国共产党全国代表大会连续四次明确提出将建设“学习型社会”作为奋斗目标。表明建设“学习型社会”是决胜全面建成小康社会、夺取新时代中国特色社会主义伟大胜利所赋予的历史使命和时代诉求。特别是产业经济转型升级的新时代背景下,如何激发学习主体的内在激情和动力并形成行为自觉则是影响和制约学习型社会建设的关键。

① 《马克思主义哲学高级教程》,陈晏清、王南湜、李淑梅著,南开大学出版社,1994年版第2页。

## 一、人的主体性及其在社会发展中的作用

主体性是指人在实践活动中获得的并在实践过程中表现出来的地位、能力和作用,即人的自觉、自主、自决、主动、能动、自由、有目的地活动的特性。[①]在一定程度上说,人的主体性发展水平的高低是衡量一个社会进步程度的重要标志,是人发展水平的重要尺度。社会的进步、社会关系的发展,总要通过人的解放程度表现出来。人在自然力和社会关系中得到的自由越多,解放的程度越大,社会进步也就处在越高水平上。长期以来,唤醒人的主体性,被看作是摆脱现代西方文明困境的唯一出路。人类社会的每一次重大发展都唤起主体意识的新的觉醒与进化,主体意识的每一次觉醒与进化反过来也都推动社会的发展,促进人类的进步。

人成为社会发展的主体及具有主体性,并不是天然具有的,而是经历了一个长期的发展过程。古代人的观念强调:“我不属于我自己,我是属于城邦的”;中世纪的观念是:“我们不属于自己,是属于上帝的,要为上帝而生,为上帝而死”;现代社会的观念是:“我属于我自己,不属于任何人,也不属于天使和上帝”。[②]这种主体观念的发展,体现了人的发展是一个社会历史过程。

人之所以能成为社会发展的主体,在于人有反观自我的能力,这主要表现为人的主体意识和人的自我主体意识,这种意识是随着社会的发展而不断明晰起来的。由实践的观点来看,“主体”是一个对象性的范畴,只有在对象性关系中才能获得自己的规定。主体是相对于客体而言的,没有客体也就无所谓主体,反之亦然。对象意识的确立是主体意识和主体性生成的先决条件。首先,主体从对象意识中发现自我,区分开自我与非我,意味着人走出了动物界,因而也走出了自然界,成为一个异于自然界的存在。黑格尔说:“平常我们使用这个‘我’字,最

①《真理的主体性与马克思主义理论的实践功能》,夏建国、沈建波,江汉论坛,第39页。2014-06-15。

②《主体性教育》,张天宝著,教育科学出版社,1999年版,第18页。

初不觉其重要，只有在哲学的反思里，才能将‘我’当作考察的对象。”[①]人与对象间主客体关系的建立意味着原本统一着的物质世界在人的头脑中发生了分化，人在观念中把自身同外部世界区分开来。其次，人发现了不同于动物的特殊需要，人不仅有比动物丰富得多的物质需要，还有动物所不具备的发展需要和精神需要。第三，人开始为了满足自身的需要而去征服世界，外部世界不会自动迎合人的需要，“世界不会满足人，人决心以自己的行动来改变世界。”[②]于是，人在征服世界的过程中不断地实现自己特殊需要的满足，也在这个过程中，逐渐提升人的主体地位。人类社会由古到今的发展历程，也是人的主体意识不断加强的历程。

在人类历史上，曾出现过两种主体论，即物质主体论和精神主体论，前者属于唯物主义的一元论，认为世界的本原是物质的，如霍布斯认为：“物质是一切变化的主体”；后者属于唯心主义一元论，认为精神是世界的本原，如笛卡儿认为：“我思故我在”。这两种主体论都没有科学认识主体的含义，只有马克思主义哲学将人的主体性问题置于社会和历史环境中加以考察，第一次系统而深刻地揭示了主体性的含义。马克思在《1844年经济学—哲学手稿》中指出：“人类的特性恰恰就是自由的自觉的活动”。作为主体的人，一方面是能动的，另一方面也是受动的；一切作为对象的客体都是主体的本质力量的对象化，是人的本质力量的确证；主体对象化为客体，客体又主体化，人类社会的历史就是在这种相互转化的实践过程中发展的。这样的思想，在后来确立了辨证的历史的唯物主义世界观后，又有了更为科学和明确的论述。在强调社会发展规律的客观性的同时，也强调了人的自觉活动：“人们自己创造了自己的历史”。[③]正因为如此，马克思主义哲学是一种重视人的认识世界和改造世界相统一的哲学，是一种尊重客观规律与发挥人的主体性统一的哲学。

---

①《小逻辑》，[德]黑格尔著，贺麟译，商务印书馆，1981年版，第82页。

②《哲学笔记》，《列宁全集》第38卷，人民出版社，1959年版，第229页。

③《马克思恩格斯全集》第3卷，中央编译局编译，人民出版社，1960年版，第31页。

那么，何谓人的主体性呢？主体性是指人作为社会实践活动的主体的质的规定性，是人在与客体相互作用过程中得到发展的自觉能动性和创造的特性。主体性是人性的精华。从本体论的角度讲，唯物主义的一元论认为，世界的本原是物质的，人的主体性是源于一般物质存在，但不等同于一般物质世界的高级运动形式，不像是物质主体论者认为的那样，自然物质是最终的主体，人受制约并最终消融在物质世界。从认识论和历史观的角度讲，人的主体性的发展是以实践活动为基础的，人的主体性的内在规定和演化过程必须受到物质因素的制约，随着物质生产的发展和人的自我意识能力的增强，人的主体性也就朝着更高层次的目标迈进。从价值论的角度讲，谈人的主体性，就是要重视并发挥人的主观能动性和创造精神，人的选择能力和价值超越能力是人们改造客观物质世界的伟大力量，通过人的自觉实践活动，不仅创造出丰富的物质文明和精神文明，人自身的主体性也在社会实践过程中向更高层次迈进。主体性的发展过程，既是一个受制于社会历史发展水平的实践过程，又是一个自身素质和能力不断得到显现、开发和拓展的过程。社会发展水平越高，人的主体性内容就越丰富。

马克思坚持从现实的、感性的、从事实际活动的、社会历史的人出发，建立了完整而科学的"感性活动着的人"的理论，亦即主体人的理论。马克思认为，作为主体的人，首先"直接的是自然存在物"。[①]是大自然进化的产物，但他只是把"自然人"作为把握主体的人的生物学前提。马克思指出，"人的本质不是单个人所固有的抽象物，在其现实性上，他是一切社会关系的总和。"人是社会活动的主体，是社会关系的承担者和体现者。任何人都不是孤立地站在自然面前的人，而总是生活在确定的社会形式、社会关系之中的。人的社会性，赋予人的意识性。人在社会实践活动中，获得理性、获得思维能力，使自己成为有意识的、有目的的社会实存。正是人的意识性，使人具备能动的了解世界和变革世界的能力。人是一种有意识地从事着探索、改造世界的实际活动的能动的主体。

---

①《1844年经济学哲学手稿》，《马克思恩格斯全集》第42卷，中央编译局编译，人民出版社，1979年版，第132页。

马克思以前,黑格尔的唯心主义哲学仅仅从主体的、人的、观念的方面去把握人周围的现实事物和感性世界，认为这个感性世界是绝对理念运动的产物,是自我意识的外化,这虽然强调了人的能动性和创造性,却是片面的、抽象的,因而也是虚幻的夸大了人的能动作用。在黑格尔看来,现实的人成了抽象的"自我意识"。费尔巴哈对人作了直观唯物主义的理解。他认为人不是先验的主体和自我意识,人是活生生的、自然的人,人及人的自我意识是自然界的产物。他没有从现有的社会联系出发考察现实存在着的、活动的人。

马克思在对黑格尔、费尔巴哈的人的学说的批判上,建立了关于主体人的理论,他认为,主体即从事现实的社会实践活动的人,主体性实际上就是人在实践活动中所表现出来的主体能动性。在生产劳动实践中,人类能动的改造自然界,成为主体,自然界成为被人认识和改造的对象,成为对应于人类的客体。主体性即主动性、创造性、自主性,即能动性。人既是自然界的一部分,又是一种有意识、有目的的改造着自然的力量,人"总是从自己出发",按照自己的能力、方式、需要和尺度去了解和改造客体和主体自身。一方面支配、占有和创造客体,另一方面也不断超越和支配自身。"所谓主体性原则也就是在主客体关系中通过高扬主体的主动性和主导性来把握世界的原则:人的主体性,无非就是主体在同客体的相互作用中表现出来的能动性、创造性和自主性。"[①]马克思认为,只有实践才能使主体获得存在的现实性,这种实践包括两个方面,一是人对自然界的活动的关系,即生产劳动,人在其中成为"劳动主体";二是人对人的活动关系,人在其中成为"历史主体"。[②]生产劳动、社会历史乃是历史唯物主义确立主体现实性的两条途径。人的主体现实性包含两种功能,一是变革自然界的功能,一是变革社会的功能。人的主体地位的确立,不仅体现在人对客观世界的认知功能上,更突出体现在人对客观世界首先是自然界的变革功能上,表现在"人化

①《实践主体论》,贺善侃著,学林出版社,2001年版,第6页。

②《马克思恩格斯选集》,第1卷,人民出版社,1972年版,第41页。

自然”的能力上。在学习型社会中，人作为“劳动主体”，通过劳动实践，克服与自然之间的对立与改造的状况，实现与自然之间的和谐发展；同时人又作为“历史主体”，利用主体自身的自觉性与能动性，自觉地掌握社会发展变化的规律，把握社会发展方向。马克思指出：“通过实践创造对象世界，即改造无机世界，证明了人是有意识的类存在物，也就是这样一种存在物，它把类看作是自己的本质，或者说把自身看作是类存在物”①，正是在改造对象世界中，人才真正地证明自己是类存在物。变革客观世界，创造一个符合主体利益的新世界，是确证主体的自主性和创造性的最有效途径。主体变革自然的功能体现了主体的创造能力和现实物质力量。这种功能所引起的自然界的变化，是自然界自身不可能发生的或不可能以这种形式或速度发生的。“人化自然”，作为主体变革活动的结果体现了主体的需要、主体的特性和本质力量。

在学习型社会，不仅要把人看作自由的人，而且要承认人的自然属性、精神属性和社会属性，同时也要把人当作主体看待，进一步以人性作前提，探讨人的主体性，使“人以一种全面的方式，也就是说，作为一个完整的人，占有自己的全面的本质”②。主体变革自然的活动离不开变革社会的活动，两种活动同时形成又同时发展，生产劳动、社会历史，乃是主体功能的最基本体现。主体是社会革命和社会改革的力量，是社会自我完善、自我发展的根本力量，集中体现了人的历史活动的自觉能动性，它表明，主体在社会客观规律面前并不是无能为力的，而是有着认识、利用，乃至驾驭社会规律的能力。只有当主体自觉的把握了历史规律，人的行为真正达到了合目的性与合规律性相统一时，人才真正成为活动的主体，才达到真正意义上的自由。而这种真正意义上的自由，是人在实践劳动和创造时所努力追求的，也只有在实践劳动中才有可能实现。人不能抛开生产实践而空谈主体性的发挥，人必须在不断学习与追求中向合目的性与合规律性

① 《马克思恩格斯全集》，第42卷，中央编译局编译，人民出版社，1979年版，第96~97页。

② 《主体性与人的主体性》，袁贵仁，《河北学刊》，1988年，第23~29页。

发展，从而去把握终极的自由。然而，历史内容的展开无止境，人类对历史规律的认知也无止境。因而，人类永远不可能尽善尽美的把握历史规律，也永远不可能达到主体性发挥的合目的性与合规律性的完全统一。这样，主体选择自由程度的提高也永无止境。历史活动中主体性的发挥将永远处于不断从“必然王国”向“自由王国”的进程中。

主体自觉把握社会发展规律，是提升人的主体性的最根本途径。在学习型社会中，主体能否自觉把握社会发展规律，成为人的主体性发展的主要问题，也是人的发展所追求的主要目标。人面临着快速发展的社会，不提高自己的生存能力，不提高自己改造自然与社会的能力，就会被社会淘汰出局。这时，社会发展激发了人的所有潜能，人必须寻找一切机会与可能，去挣开套在自己身上的必然性的枷锁，打开这把枷锁的钥匙，就是主体对于社会发展规律的把握。达到这一点，单靠个体的独自努力是根本没有可能实现的，而是需要“类主体”的共同努力。“类主体”中的每一个个体，都只不过是人类历史发展中的一瞬，是一颗微不足道的沙粒，受着时间和空间的双重限制，表现为人的有限性，但人不仅是靠先天本能在生存，人类还有善于学习的、善于吸收养分的大脑，人不完全是靠适应社会和自然生存，而主要是靠改造和发展社会和自然去追求解放。单个的主体的觉醒，通过主体间的联合形成“类主体”的强大威力，去把握社会历史发展规律，创造社会历史，成为自己命运和社会历史的真正的主宰者。

在学习型社会中，人的主体性的提高主要是通过主体间联合来实现的，这种联合表现为显在的和潜在的两种方式。显在的联合就是主体之间用实际行动结合在一起，共同参与具体的实践活动，主体之间既有精神上的交流，也有物质上的结合，大家各显神通，共同参与社会生产生活实践；潜在的联合就是主体之间并不共同参与具体的实践活动，但是某一主体在具体实践活动中所运用的知识和技能并不是自己原创的，而是通过学习活动间接的掌握的，也就是说，创造主体自身并没有参与具体的实践活动，但是其所创造的知识技能却在具体的生产实践中被应用。这也体现为主体之间的一种联合方式，他们共同作用的对象是客观世界。

人类主体性的突显与社会的发展是同一过程中互为因果、双向构建的两个方面。一方面,社会的进步和转型为人的解放和全面发展创造了条件,它是人的主体性发展的社会历史动因;另一方面,人类主体性的每一次高扬,又反过来推动了社会发展。不同主体性发展水平既能映照出不同历史时期社会生产方式的水平,又是衡量不同历史时期社会发展水平的重要标志。社会的现代化取决于社会主体的现代化,而社会现代化的进程,又促使主体现代化。

历史唯物主义有一个重要的原理,人的解放程度是社会进步的重要标志①,这一原理表明,人的解放或获得自由的程度,在历史上是变化发展着的,在不同的历史时代有着不同的内容,表现为不同的水平。人们所向往、追求的社会进步的目标是人在社会关系中的彻底解放,而这一理想目标的实现,却是一个由社会进步所逐渐准备起来的过程。人的本质是社会关系的总和,社会的进步,总要通过人表现出来,通过人的解放程度表现出来。人在自然力和社会关系中得到的自由越多,解放的程度越高,社会发展也就处在越高水平上。因此,每一个历史时期的人,都要比上一个时期的人在他们主客体的相互作用中表现出更高的自主性、能动性和创造性。就主体性不断提高的过程看,人的现代化发展趋势不断由依附于自然转向改造并独立于自然,由封闭保守转向兼容与开放,由继承转向创新与发展。这一过程,表现为人的主体性意识不断由低到高的发展过程。有学者认为,人的主体性不断显现的过程,也是社会不断进步的过程,主体性可以划分为三个时期九个阶段:②

1.初级期人的主体性。阶段一:自在的主体性。经过长期的自然物质进化,人作为个体或由个体构成的人类社会独立生产,形成与自然界相对应的主体世界,它标志着人与自然的分野,主体与客体的形成,人的主体性也就萌发于这一

①《实践主体论》,贺善侃著,学林出版社,2001年版,第205页。

②《现代教育哲学》,王坤庆著,华中师范大学出版社,1996年版,第79页。

过程，这是一种黑格尔所说的不依赖外部的存在而独立的存在，它具有无限发展的丰富可能性，正如列宁所说的，“自在”=潜在，尚未发展，尚未展开。阶段二：自然的主体性。人一经产生以后，首先面临的是维持自己的生存。在原始社会条件下，人类的生存环境依赖于自然的恩赐，人的需要也主要表现为自然需要，人的主体性在根本上受制于自然环境，在形式上他虽然独立了，但在实质上他是本能的人，脱离不了自然现象之网。阶段三：自知的主体性。这是指人的自我意识的产生，人开始感觉到，自己作为主体是与客体有区别的，并开始对外界与自身关系进行思考，逐步形成某些理性认识，把客体当作对象进行认识，如人类早期的思想意识和儿童在游戏时某些表现自己的欲望等，他表明人类开始从外部主体向内部主体转化。阶段四：自我的主体性。这是指人生活在生产力不发达的“小社会”，其主体性呈封闭状态，如人类社会发展到工场手工业阶段，由于行业的限制及职业变换的狭窄性，使人际之间交往关系处于自我中心状态。从个人的发展来看，此时的主体性大约相当于接受学校教育阶段，儿童通过学习社会经验，自我意识逐渐增强，自我中心逐渐形成，并为新的发展准备着基础。

2.转折期人的主体性。阶段五：自失的主体性。这一时期的主体性处于社会的大变动时期，生产力发展水平呈现质的飞跃，人也从自我封闭、自我中心的“小社会”步入大社会之中。无论是从社会进步还是个人发展来看，这是一个充满矛盾的时期。从社会来看，旧的生产体系被打破，新的生产关系逐渐形成，然而，民主与专制进行着长期的抗争，最后，必然是前者胜利，后者衰落直至灭亡；从个人的发展来看，也是处于人生的转折点。个人精神上的失落和迷惘往往给人的生存状态带来更深层次的震荡与思考，一连串的失败和挫折对人的主体性的确立构成挑战。一般来说，经过人们奋力的抗争和顽强的搏斗，人的主体性会走出低谷，向更高层次的主体性发展，社会也应经过此次震荡，迈入健康发展的轨道。但是，也有少数人或社会的某些方面，被强大的客体所制服，丧失了进一步发展的可能性，某些个人因主体性的丧失而成为懦夫、奴隶，不仅成为客体的奴隶（如被物质利益所支配）、他人的奴隶（如被权威所支配），还成为自己情感的奴隶。所谓自失的主体性，也就意味着矛盾抗争和转折，是新的主体性确立之前的阵痛。

3.高级期人的主体性。阶段六：自觉的主体性。经过顽强的抗争以后，社会发展进入到自觉的能动意识阶段。一方面，它通过现代生产力的发展，促进社会物质文明的进步；另一方面，它也通过自觉的主体意识，选择一条正确的发展道路，在克服自身的弱点和不足中稳步前进。个人也在激烈的矛盾冲突中重建主体意识，从挫折和逆境中走出来，并从严峻的生活现实中获得启示：人不能依赖于他人、他物，个人的独立性和自主性是实现自身价值的根基，人只能靠自己的思维和行动的力量在世间立足，否则，就只能重复他人、受制于他人。自觉的主体性的形成，是社会高速发展和个人高层次发展的起点。阶段七：自强的主体性。过渡到这一阶段，无论是社会还是个人，都表现出高度的理性特征，他通过不断调整自身内部以及自身与外界的多方面关系，在协调中平衡发展。如社会的发展，他以不断进行社会改革为调节手段，实现社会的稳步、持久发展；个人则表现为在认识上自我深化，在实践上自我改造，在发挥主体的创造欲望和表现欲望的同时，尽量去创造更高的个人价值和社会价值，在服务于他人、奉献于社会的劳动中，确证自己的主体性和存在的不可重复性，主体意识也在这一过程中不断被强化。阶段八：自为的主体性。这是人类进入自由王国的标志，是人的主体性的高级阶段范畴。从社会来看，建立在必然王国基础上的社会运行机制能充分发挥作用，其目标也不仅仅在于使社会维持正常的秩序，而在于给人们提供多种创造的条件和创造的机遇。个人的主体性则由自觉的能动性过渡到能动的创造性，这种创造性是建立在对必然的把握、对自由的追求基础上。卢梭曾说过，人生而自由，但无所不在枷锁之中。自为的主体性正是人类挣脱了束缚他的一切锁链而成为自由的人的过程。阶段九：自由的主体性。自为、自由的主体性同属于主体性发展的高级范畴，他们的区别在于：自为阶段的主体性侧重于主体指向客体时的状态，如在客观规律面前表现出对规律的科学认识和自觉运用等；而自由阶段的主体性则侧重于客体反观主体自身的状态，如人们能够在社会实践中创造出丰富的物质成果和精神成果,创造才能和人格得到充分的体现,但自由的主体性不是体现在他所创造的客体的属性上,而是体现在创造过程完成之后的精神状态。或者可以这样说,自为的主体性指向创造过程的自由程度,而自由的主体性则指向创造过程完成之后的精神自由程度。显而易见,自由的主体性乃人的主体性发展的最后阶段的最高层次。

这种关于人的主体性的划分虽然将人的发展机械地划分为几个阶段,但我们从中还是能够得到一些启发。从人类群体来讲,人的主体性的发挥,并不是一蹴而就的,而是在漫长的历史进程中逐渐实现的。从人类个体来讲,也是一个从幼稚到成熟渐进发展过程。人作为高级动物从自然界脱颖而出,成为能自觉掌控自己命运的生命体,这是自然界发展的奇迹,这种状况的出现,并不是一种巧合,在这条发展的道路上,写满了人类为自身命运而不屈不挠的斗争的历史。在大自然发展的历史上,可能有许多生命物种也有着同样的甚至更好的机会成为自由自觉的主体,但是,在强大的自然面前,这些物种退却了,退化了,甚至消亡了,唯有人类,一直以昂扬的斗志与必然性作斗争,并将必然为自由而奋斗下去。人从自在的、自然的主体,到自觉的、自强的主体,甚至到自为的、自由的主体的发展,这个过程经历着曲折、艰辛,能够经历这样发展历程的主体,一定是坚毅不拔的主体,一定是善于学习和吸收先进知识和文化的主体。

## 二、以学习为主要方式的主体间、主客体间交往推动着社会的发展

"如果某物的存在既非独立于人类心灵(纯客观的),也非取决于单个心灵主体(纯主观的),而是有赖于不同心灵的共同特征,那么它就是主体间的。主体间的东西意味着某种源自不同心灵或主体之间的互动作用和传播沟通,这便是它们的主体间性"。[①]主体间性强调"主体—主体"之间的互识与共识,"互识"是指主体之间的相互认识和相互理解;"共识"是指不同主体对同一事物所达成的

①《西方哲学英汉对照辞典》,[英]尼古拉斯·布宁编,人民出版社,2001年,第518~519页。

相互理解，所形成的主体间的共同性和共通性；通过对共同事物达成的共识，主体才能达到深层的互识。[①]从主体性走向主体间性，认为存在是主体间的存在，孤立的个体性主体变为交互主体，这是人们认识自身所处世界的一个哲学意义上的进步。[②]学习型社会开启了主体性向主体间、主客体间跨越和融合的契机，通过彼此之间的认识、理解与互动，提供学习的实效性、针对性和共鸣性。在同群效应的激发下，推动学习型社会快速高效达成。

马克思、恩格斯（包括列宁、毛泽东）的哲学是实践论哲学，它认为人是实践的人，在肯定人的自然属性、精神属性的基础上，特别强调人的社会属性。[③]"社会交往是人类个体的必然存在方式。人本身的一切具有社会历史意义的特征都是在人们之间的交往活动以及这种交往活动的历史发展中获得的。个体只有在生活中，在与他人的物质和精神交往中，才能获得属于他的那些社会规定，才能具有属于他的心理、观念、目的和活动方式。因此，个人的社会本质以及个人的任何心理倾向都是在与他人的社会交往中形成，并只能在社会系统的结构关系中得到解释。"[④]

市场经济的发展，破坏了旧有的狭隘的生活条件，摧毁了旧有的共同体对人的束缚，使人的交往遍及世界各地，而交往的普遍化使每一个人都可以享用其他主体创造的物质文化和精神文化成果充实提高自己，扩大自己的发展自由度，克服狭隘的地域性和个人的有限性。交往的普遍化为人创造了一个发达的社会关系系统，也给人提供了发展的多样性、才能的多样性和选择的多样性。"人的人性发展程度取决于他所进行的交往活动的广度和深度，人际交往越复杂，一个独特的个性与另外一个独特的个性的接触就越频繁，由人们相互联系

---

①《主体间性：当代主体教育的价值追求》，岳伟，王坤庆，《华东师范大学学报（教育科学版）》，2004年，第16页。

②《留守与超越：高校德育的主体间性及其张力》，陈华，《高教探索》，2014年，第146页。

③《主体性与人的主体性》，袁贵仁，《河北学刊》，1988年，第23~29页。

④《历史的辩证决定论》，陈晏清、阎孟伟，南开大学哲学系教育教学研究室印制，2001年第85页。《学习型社会形成要素论》，朱涛，《成人教育》，2010年第9期。

而成的世界也就越充实丰富,生活其中的人性就越丰富。”[①]

人的主体性的发挥离不开社会的发展。在多样的社会关系中,个人与社会的关系始终是一根主线,围绕这根主线,人类主体性的发展经历了“天然族群主体性——个体主体性——能展现丰富个性的社会主体性”几个阶段。[②]主体性的发展,必须经过对个体生命中创造潜力的开掘阶段,这一阶段在漫长的人类历史发展过程中,表现为人类共同与自然相抗争的历史;只有在主体完成独立发展阶段基础上,才能走向展现丰富个性的社会主体性,也就是更完美的现代主体性。根据马克思的唯物史观对人的类能力发展和个体发展关系的理解,人的类整体的发展,在一定的历史阶段中往往伴随着与社会个体甚至是整个阶级的发展相背离。这是历史发展的必然。其深刻原因在于:分工和私有制的出现(资本主义是分工和私有制充分发展的典型阶段)导致了个人与社会的发展相背离。马克思认为:“只有通过最大的损害个人的发展,才能在作为人类社会主义结构的序幕的历史时期,取得一般人的发展。”[③]个人与社会的这种背离结果,既促成基于商品经济的独立个体主体性的发展,又造成基于旧式分工的个体能力的片面化。显然,“这是一种符合历史发展规律,又终究须改变的历史现象。”[④]个人与社会的这种背离本身创造了消除这种背离的客观的物质前提和社会条件。历史的发展最终必然会克服人的类的发展与个体发展的背离和对抗,而代之以人的类的发展和个体发展间的和谐和统一。

在分工和私有制条件下,人类在总体上对自然界的支配能力越强,个体独立的主体性越高,人的个体的发展便越片面,自我异化便越严重。随着科学技术和生产力的高度发展、私有制的消除、旧式分工的扬弃,人类主体性的发展不仅不再以与人的个体发展的相互背离为代价,而且人的整体发展与个体发展将互

①《论促进人全面发展的新途径》,李居才,《兰州大学学报》,2003 年第 6 期。

②《实践主体论》,贺善侃著,学林出版社,2001 年版。第 230 页。

③《马克思恩格斯全集》,第 47 卷,中央编译局编译,人民出版社,1979 年版,第 190 页。

④《实践主体论》,贺善侃著,学林出版社,2001 年版,第 231 页。

为条件，互相促进。因此，马克思、恩格斯在《共产党宣言》中明确写到："代替那存在着阶级和阶级对立的资产阶级旧社会的，将是这样一个联合体，在那里，每个人的自由发展是一切人的自由发展的条件。"①为寻求体现个人与社会和谐的主体性，处于社会交往中的个体主体必须正确处理自我价值和社会价值的关系。群体与社会由许多独特的个体组成。历史的过程是无数追求自己目的的个体人的活动的总和。个人活动的直接目的都在于追求自身的理想，实现自我价值；而无数个人的有目的的活动组成的历史却有自身的客观规律，它不以任何人的意志为转移，个人的愿望只有当它与历史规律相一致时才能达到；自我价值也只有符合社会发展方向的社会价值相统一时才能实现，人的主体性只有在群己关系的交互作用过程中才能得以充分发挥。世界中的每一个人都不是孤立于世的，只要他在社会中生存，就必然需要与自然、社会、他人进行交往，于是，人的主体性往往又表现在人的交往之中。"人不是一个超自然的存在，同时也不是一个超社会的存在，人只有在社会中才能存在和发展，人的认识也只有在社会中才能产生和发展"。②马克思、恩格斯认为，全部人类历史的第一个前提无疑是有生命的个人的存在，人类历史的演进发展就是建立在有机个体存在的基础之上的。人们为了生活必须每日每时进行生产，而"生产本身又是以个人彼此之间的交往为前提的"，③交往是生产的前提，是人们的存在方式。后现代主义思想的主要代表人物哈贝马斯以"交往合理性"思想为核心，揭示了自由平等的交往对于建立合理的社会关系的极端重要性，甚至主张以交往行动概念来"重建历史唯物主义"。在哈贝马斯看来，理想的社会是"交往合理化的社会"。人类奋斗的目标不是使"劳动"即"工具行为"合理化，而是使交往行为合理化。由此可见交往对于人类社会及人本身的重要性。

就人类交往活动的起源而言，经历了"生产交往——经济交往——社会交

① 《马克思恩格斯全集》，第 1 卷，中央编译局编译，人民出版社，1972 年版，第 82 页。
② 《从主体性原则到实践哲学》，王义军著，中国社会科学出版社，2002 年版，第 107 页。
③ 《交往的世界》，姚纪纲著，人民出版社，2002 年版，第 24 页。

往”发展阶段。[①]生产交往是主体交往活动的初始环节。人类最基本的社会实践形式是生产实践，创造人类所需的生活资料和生产资料的生产活动从来就不单纯是单个人的事情。在生产劳动中，个体是以联合的形式从事活动的，这种以联合形式出现的生产活动同时就是基于共同生产目的之上的社会交往。“生产本身又是以个人之间的交往为前提的。这种交往的形式又是由生产来决定的。”[②]生产的目的正是人际间交往的最初目的。这种交往的根由在于：个体创造能力和活动范围的有限性与其自身需要的无限性的矛盾。只有借助于个体间的交往与合作，才能满足个体自身不断发展与完善的多重需要。在生产交往的过程中，随着生产规模的扩大、生产分工的发展及生产水平的提高，人类交往的内容才逐渐丰富起来，才产生出更宽广意义的经济交往及其他多种形式的社会交往。这里所说的经济交往，是指以生产为核心的经济总体活动，指人们在生产、流通交换和分配的现实运转中的活动交往。它发端于人类最初的生产交往。马克思曾将其称为整个社会结构的“骨骼”。在以生产为核心的经济交往之上是狭义的社会交往，包括人们在劳动生产和经济活动之外的其他社会交往。在人类历史发展的一定阶段上，这种交往主要体现为思想、政治活动的互动，在阶级社会中突出表现为阶级斗争主体的生产、经济状况及在其基础之上的思想政治交往构成的全部社会生活；这些交往活动的发展史，构成了全部社会发展史。而劳动史，始终是主体交往活动史的基础、核心；生产交往则是全部人类交往活动的源头。社会是人们交往活动的产物，首先是人类物质生产交往活动的产物。从生产交往到经济交往再到社会交往，体现了人类交往活动内容的丰富和水平的提高，随着社会生产的发展，三者越来越成为一体，互为促进。

从历史发展的过程来看，人类社会各个历史阶段都存在着交往活动。在以农业经济为主的古代社会里，主体的交往活动较少，交往范围较小。在原始社会

---

①《实践主体论》，贺善侃著，学林出版社，2001 年版，第 163 页。

②《马克思恩格斯全集》，第 3 卷，中央编译局编译，人民出版社，1960 年版，第24 页。

中,人们以群的联合力量和集体行动来弥补个体自卫能力的不足。人们的生产活动直接为了自身的消费,间或出现的交换行为是个别的、偶然的,在这种经济状况下,交往的范围是狭隘的。奴隶社会中,原始社会的非阶级性的交往变成了阶级性交往,财产的私有促进了社会的发展,但也加深了阶级之间的矛盾,在与奴隶主的斗争中,奴隶表现出了交往主体的主体性,表现为改变自身命运的抗争中。封建社会中,自给自足的自然经济占主导地位,商品生产还只是在形成中,交换是有限的,市场是狭小的。小农经济的生产方式不是使农民相互交往,而是使他们互相隔离。他们取得生活资料多半是靠与自然交换,而不是靠社会交换。这时交通不便,交往手段落后。在工业经济发达的近代社会中,社会交往无论是在性质上,还是在深度和广度上,都有了重大的发展变化。由于以大工业为代表的生产力的普遍发展和商品经济的发达,在商品交换、商品流通的过程中,人们的交往变得日益频繁。在以知识经济为基础的学习型社会中,在主体性日益确立的条件下,社会主体之间交往的深度和广度发生了巨大变化,主要表现为各种形式的交往已经成为社会主体的自觉选择。

交往是一个十分普遍而又复杂的社会现象,需要研究的问题也是多种多样,在多样式的交往活动中,学习无疑是人类交往的主要方式之一。学习是人类特有的方式,因为这种活动体现了人的意识性和主观能动性,也是人赖以社会化的主要途径。动物没有学习,只有应激和模仿,而孔子云:三人行,则必有我师焉,则又体现了人类学习的普遍性。学习型社会则提倡人的“学习力”,人要积极的自我学习,时时学习,处处学习,学习已经成为人的一种生存方式。在发展缓慢的农业社会和“标准化”的工业社会,人的学习活动不是从大多数人的需要出发,更多的是一种外因(社会生产)作用下的活动,人属于学习的客体。进入以知识经济为基础的学习型社会,人在学习活动中主体地位的确立,社会对人的发展不断提出的要求,已经使学习成为人们社会交往实践的重要方式,成为了人在学习型社会中的自觉活动。只有不断努力的学习,并且通过学习不断去创新,才有可能更好的生存与发展。

马克思将人类社会划分为“必然王国”和“自由王国”,物质生产被视为“必然王国”里的活动,追求真、善、美的活动只有到了“自由王国”中才能得到无限发展。马克思在《资本论》中指出:“事实上,自由王国只是在由必须和外在目的的规定要做的劳动终止的地方才开始,因而按照事物的本性来说,它存在于真正物质生产领域的彼岸”。[①]“物质生产领域始终是一个必然王国”。[②]人类既受劳动的自然必然性制约,又超越这种制约,向以发展自身才能为目的的自由王国飞跃。在马克思看来,物质生产领域是一个此岸的实在的世界由于受实在的条件的制约,人类发展自身的目的必然被中介为有限目的,而不可能得以充分发挥和实现。而且,人在这一领域的目的实际上是外在的,是人追求物欲的功利性目的,人在这一领域活动是维持生存的自然必然性,尽管也是有意识的介入,人也表现出驾驭和利用自然界的必然性为自己目的服务的自由性,但这只是有限目的所表现的有限自由。只有到了物质生产的彼岸,人从对对象的有限目的的追求中超脱出来,由追求物质需要的满足转向追求精神需要的满足,转向人自身能力的自由发展。

人的学习活动本身,受着有限目的与客观必然性的支配,但是在具体的学习活动中,又表现为人的学习自主性的不断发扬。在学习型社会中,人通过自主的选择学习内容、方法等方式,不断扬弃自身,不断追求与自然和社会的和谐发展,这种自主性,随着社会的发展,也在不断得以发展,向着自由的状态发展,达到学习与生存目的的统一。当人的主体性发展达到极致,才会实现人的全面发展。

在学习型社会构建过程中,人的学习也处于发展完善中。繁荣的经济、先进的教育、主体性的个人日益使学习表现为人对自己生命本质的全面占有,学习作为人与人之间的关系直接等同于人自身的关系,人获得自身的完整和全面发展,学习成为人的内在需要,人的学习过程成为人们共同的自觉控制过程。人通

---

①《马克思恩格斯全集》,第25卷,中央编译局编译,人民出版社,1974年出版,第926页。

②《马克思主义哲学高级教程》,陈晏清、王南湜、李淑梅著,南开大学出版社,2001年出版,第392页。

过学习最终扬弃了自身的异化,人与社会和而为一。在新的历史起点上,推进我国经济社会可持续发展,必须大力提升人力资源开发水平,深入挖掘人口红利;必须全面提高国民素质,培养大批有文化修养、有人文关怀、有责任担当的人。唯有通过学习型社会才能源源不断培养党和国家事业发展所需的各类人才,才能不断提高全体国民素质以及学习、运用和创造新知识新技术的能力,才能使我国丰富的人力资源真正成为推动经济社会发展的持久动力。[①]

## 三、学习型社会中人的主体性的特点

"学习型社会的学习是全民性的学习，要求社会中的每一个组织及其绝大多数成员都必须高度重视学习,将其摆到极其重要的地位上来。"[②]在学习型社会中,只有充分发挥每一个组织及其成员的主体性作用,才能形成人人皆学、处处能学、时时可学的良好学习氛围和风气,才能建成名副其实的学习型社会。

学习型社会伴随着社会的现代化而出现,社会的现代化的重要表现就是人的现代化,现代化人的主体意识表现为经济观念方面的商品意识、竞争意识及公平、效益意识;政治观念方面的民主、法制、平等、自由等意识;道德观念方面的义利统一、个人与社会和谐发展的意识以及文化方面的重视科学、教育,尊重知识、尊重人才的意识及面向全球的开阔视野等。人作为现实生活的主体,与社会共同成长,表现为社会与主体的双向构建。而在这种双向构建中,人是决定力量。"生产关系是否'一定要'适合生产力,本身不是由经济结构的客观性质来说明的,而必须同时要用社会主体的生产动机和目的来说明。也就是说,只有在社会主体具有追求生产力的扩大和发展的意志和目的时,生产关系'一定要'适合生产力才能成为一种规律。"[③]马克思指出:"我们开始要谈的前提不是任意提出

① 推进全民终身学习 加快学习型社会建设,http://lndx.huangshan.gov.cn/Content/show/JA705/61125/1/1039673.html。

②《论"学习型社会"》,郝贵生,《天津师范大学学报(社会科学版)》,2003年,第1~5页。

③《历史的辩证决定论》,陈晏清、阎孟伟,南开大学哲学系教育教学研究室印制,2001年版,第93页。

的，不是教条，而是只有在想象中才能撇开的现实前提。这是一些现实的个人，是他们的活动和他们的物质生活条件，包括他们已有的活动创造出来的物质生活条件。……全部人类历史的第一个前提无疑是有生命的个人的存在。”①因此，没有人的存在，社会便毫无意义；没有人的主体性的发挥来推动社会的发展，人的存在也将毫无意义。

在人类社会由低向高的发展进程中，人的主体性也在不断得以提升，从“依附型主体”到“自主型主体”，从“封闭型主体”到“开放型主体”，从“顺从型主体”到“创造型主体”，人不断地向着全面发展型主体迈进。在传统社会中，人的主体性表现为对土地、自然、和城邦的依附，正如亚里士多德所说：“个人是城邦的组成部分”。这种依附直接造成人的封闭与顺从，人在有限的地域与社会环境中，造成了人的狭隘和保守，人的主体性受到严重束缚。到了现代社会，经济以及科学技术的发展，人意识到自身的存在，也认识到自身的力量，开始冲破各种异己的力量，去追求更广阔的天地，人的主体性开始得到不断发展，向着理想目标不断迈进。学习型社会的到来，加快了这一目标发展的进程，同时，在学习型社会中，人的自我的超越、主体性的发挥也成为决定社会发展的关键力量。

学习型社会中，人的主体性表现为以下几个方面：

其一是主体自主性。学习型社会中人的自主性表现为，人可以自由选择各种解决问题的方式，在负责任的同时也能避免任性。“对于有选择能力的人来说，消除不负责任的任性有着根本性的意义。”②既要选择，又要负责任，这对于任何一个孤立的个体来说都是不可能的。即使一个人的选择在主观上是极其严肃认真的，但由于个人知识的有限性以及其他种种局限，也很难不陷入任性之中。因此，要消除任性，便必须超越个体的有限性，建立起一种普遍性的原则来，这种原则的建立，是基于个体将群体认知甚至类认知通过学习实践活动，集于

①《马克思恩格斯选集》，第1卷，中央编译局编译，人民出版社，1972年版，第66~67页。

②《从领域合一到领域分离》，王南湜著，山西教育出版社，1998年版。第20页。

一身的前提下达成的。

学习型社会中，人的自主性空前提升，极大克服了个体选择的主观任性，由于学习条件的改变，以及人的选择的自由度的加强，个体学习的广度和深度都得到了极大的拓展，个体在突破了时空的限制下进行的学习与选择，可以说是一种集合了群体的意志和思想的自主选择。随着社会生产率的不断加速提高，人的闲暇时间越来越多，具备了人发展的一个重要的前提性条件，自主、自觉学习成为符合人类文明进步和人的发展的必然要求和全面体现。在现实中，人并不是单纯受制于外物或他人作用的被动存在，并不听从于某种命运的摆布。能动的人意识到自己与外物的主客体关系并以此来反求和确立自我，由此实现和确证自己的主体地位。[①]基于人的自主性，在当前的学习型社会背景下，渐趋形成了人人想学、人人乐学、人人皆学、处处能学、时时可学的社会氛围，学习成为人们的行为自觉而非外力所迫。

其二是主体创新性。社会主体的创造力是推动社会发展的不竭动力。社会的每一次进步，都是人创造性劳动的结果，社会发展程度越高，社会主体的创造力就发挥得越充分。现代社会的出现，赋予了人更大的主动性和能动性，为社会主体提供了更多的创造领域和机会，因此，社会变革的日益迅猛，也促使社会主体更加关注未来、注重创新。

在学习型社会中，人们处于信息时代，各种资讯、信息蜂拥而至，各种文化也在进行激烈的交锋，在这种社会信息全方位冲击的环境下，知识积累以几何方式增加。有了雄厚的知识作基础，拥有了多元文化的开阔视野，人的创造性基础也愈加坚实，创新意识也必然不断增强。爱因斯坦曾说，我之所以有今天的成就，是因为我站在了巨人的肩膀上。他所谓的巨人，是指工业革命时科学技术迅猛发展所创造的雄厚的知识基础，是先行的科学家的创造性劳动。学习型社会拥有着远远多于以往任何时期的物质、精神和文化财富，此时代的巨人已非彼

①《主体性与人的主体性》，袁贵仁，《河北学刊》，1988 年，第 23~29。

时的巨人，在这样的发展背景下，主体的创新性必然会得到极大的发扬。为激发人们的创新意识和创新思维，在全社会形成良好的创新氛围、资源共享氛围和学习氛围，国务院总理李克强在2014年9月夏季达沃斯论坛上首次提出“大众创业、万众创新”战略，在2015年到中国科学院和北京中关村创业大街考察调研再次强调：“推动大众创业、万众创新是充分激发亿万群众智慧和创造力的重大改革举措，是实现国家强盛、人民富裕的重要途径，要坚决消除各种束缚和桎梏，让创业创新成为时代潮流，汇聚起经济社会发展的强大新动能”。2015年8月15日，国务院办公厅印发《关于同意建立推进大众创业万众创新部际联席会议制度的函》，2018年9月18日，国务院下发《关于推动创新创业高质量发展打造“双创”升级版的意见》。在学习型社会建设过程中，国家出台相关规章制度为全民创新创业提供了支撑和保障，助推我国进入了创新创业与技术创新、效率变革、产业升级和现代化经济体系建设紧密结合的新时代。只有深入系统学习相关专业知识、掌握关键技术技能、具有创新思维意识才能有效发挥主体的创新性和创造性，才能有新的突破和更大成功。“大众创业，万众创新”的新时代，既是发挥全体社会组织和成员自身主动性进一步自主学习并掌握知识技能的新时代，也是释放创新创造潜能并支撑社会经济发展的新时代。

第三是主体开放性。人类社会发展是一个开放、螺旋上升的历史过程，人类主体的发展也是处在这样的历史进程中，并且在不断地创造着社会历史。人类社会是一个开放的系统，在发展中不断开放，在开放中实现发展，人类活动的领域不断在扩大，主体与客体、主体间的交往也日益频繁。社会发展的历史证明，社会从低级向高级发展的过程，就是不断提高开放程度的过程。人们在社会生产力低下的时候，或依附于血缘关系所规定的范围或领域，或依附于人身宗法等级关系，或依附于以土地为基础的自然经济，社会结构的封闭性几乎没有让开放性得到发展的机会。随着商品经济的发展，社会由封闭逐渐走向开放。马克思指出：“资产阶级，由于开拓了世界市场，使一切国家的生产和消费都成为世界性的了。……过去那种地方的和民族的自给自足和闭关自守状态，被各民族的各方面相互往来和各方面的相互依赖所代替了。”①

在学习型社会中，开放成为社会发展的重要标志，而社会的开放与主体的开放是一致的。社会主体的开放是社会开放的必然前提。主体在学习型社会中的开放性表现为开放的主体观念，开放的社会心态，以及开放的社会主体交往行为。社会主体要具有虚怀若谷的心胸，积极的交往和学习态度，广阔的交往范围和多样的交往与学习的手段，不断吸收人类集体的养份，克服自然和历史必然性给主体带来的束缚，在发展自身的同时也推动着社会发展。在当前，“互联网+”作为国家战略，业已成为助推我国经济社会创新发展的内在动力。“互联网+”使得教育走向真正开放，人人都是资源的创造者、使用者和学习者。它把相互割裂的教育及其资源整合起来，以多元的教育办学服务机构及丰富的渠道为有学习意愿的人提供灵活的学习机会，将大量正规、非正规以及非正式的教育机构都纳入到终身教育的机构体系中，体现了依托现代信息技术以学习者为单元进行资源整合的组织模式。②基于主体开放性，在学习型社会，真正做到了学习资源的共建、共享、共创、共用的良好氛围，通过互通有无、资源共享达到自主学习、实践创新的目的。

## 第二节　社会结构的特点

### 一、社会结构的一般特征及其在学习型社会中的表现

系统论是研究系统的结构、特点、行为、动态、原则、规律以及系统间的联系，并对其功能进行数学描述的新兴学科。其基本思想是把研究和处理的对象看作一个整体系统来对待。其主要任务就是以系统为对象，从整体出发来研究系统整体和组成系统整体各要素的相互关系，从本质上说明其结构、功能、行为

① 《马克思恩格斯选集》，第 1 卷，中央编译局编译，人民出版社，1972 年版，第 276 页。

② 学习型社会生活，https://new.qq.com/rain/a/20190312A0IP8H。

和动态,以把握系统整体,达到最优的目标。[①]

从系统论的观点来看,人类社会就是一个大型的系统,这个系统就像所有的系统一样,有着完整的结构,有着系统赖以运行的能量来源,有着自身独有的功能。这个系统的特点表现在以下两个方面:

首先,人类社会是一个不断进化的系统,它从无组织到有组织,从低级结构到高度复杂的系统,不断地发生着变化,而这种变化也在因循着某种规律。其次,人类社会也是一个开放的系统,它不断与外界进行能量交换,一方面通过人积蓄社会发展的能量,另一方面通过社会内部的民族国家等子系统的开放循环制造新的能量,催发新的社会结构的产生。因此,社会系统也是在不断变化中发展的。

社会作为一种不断发展变化的系统,它时刻都在面临着结构老化、系统失范等问题的困扰,这就需要其自身要有极强的应变、求发展的能力,这涉及到系统中的序变能力。序变能力“是一个系统所具有的重要素质,它是衡量一个系统发展能力的标志”。[②]系统的序变能力是指这个系统所具有的改变自己秩序的能力,是它所有的活力和内在发展的潜力。

系统序变能力的大小与系统结构紧密相连,序变能力的衰退预示着系统结构的老化,这时只有改变旧的结构才能重新产生和发展强大的序变能力。社会有时就是这样,旧有的社会结构如果不再适应新生能量的增长,就将会以一种新的结构来代替它,虽然有时这种新老结构的交接会以一种分娩时的阵痛为特征来进行。在序变能力上,社会系统不同于自然系统的地方在于,“社会系统的序变能力是人们对一种新的结构的自觉选择。当人们认识到已有的社会结构不能再激发人们的积极性、无助于摄取新的社会能量之时,人们就会确定一个理想的社会结构模型,并沿着这个方向改变旧的结构,设置新的联结方式,完成社

① 《决策科学辞典》,萧浩辉主编,人民出版社,1995 年版,第 253 页。https://baike.baidu.com/item/系统论/1133820?fr=aladdin。

② 《转型社会控制论》,杨桂华著,山西教育出版社,1998 年版,第 43 页。

会结构的转型。”[①]由此可见,社会结构的转变过程中,人类的自觉活动参与其中并发挥主要作用,所以,社会的发展必须依靠人类在社会自发结构上建立一种自觉结构,以自发结构的自在控制为基础,建立强有力的自为控制系统,干预社会的发展方向和发展速度。

对于社会结构,学术界及各个学科之间有着不同的理解,一些社会学家认为它是指一种现实的关系,另外一些社会学家则把它当作一种理论分析的工具、设问解答的思路和研究时运用的认识框架。

按照波普诺的观点,社会结构是指一个群体或社会中的各要素相互关联的方式。按照布劳的观点,社会结构则是“可以被定义为由不同社会位置所组成的多维空间。”[②]在我们看来,社会结构可以被理解为由个人所组成的不同群体或阶层在社会中所占据的位置,以及他们之间表现出来的交往关系。它可以由一定的结构参数来加以定量描述。建构主义认为个人与社会都处在建构过程之中:社会结构是个人行为的前提和条件,个人行为的结果又产生新的社会结构,因此个人与社会不是僵化的二元对立的关系,而是一种互生、互为前提的能动过程。

社会哲学从社会结构的基本特点出发,认为社会结构是“在人类活动中形成的实现人类活动并制约着人们活动的稳定的社会联结方式,它是社会主体间的关系,是人类存在的基本形式。”[③]从发生学的角度,我们可以把这种社会结构分成自发形成的结构和自觉建立的结构,也可将之简称为自发结构或自觉结构。

自发结构是指一定数量的个体为了解决自身的需要,在实践活动中相互影响相互作用自然而形成的社会联结方式。每一个个体在相互作用中形成的这种联结方式并不是他们预先设想自觉建立的,在这里,虽然对于每一个活动的参与者来讲都是自觉的、有意识的,但这种自觉只是一种个体的自觉,而不是一种

① 《转型社会控制论》,杨桂华著,山西教育出版社,1998 年版,第 45 页。

② 转引自《走向学习型社会——社会发展的第四阶段》,童潇主编,上海三联书店,2004 年版,第 5页。

③ 《转型社会控制论》,杨桂华著,山西教育出版社,1998 年版,第 58 页。

群体的自觉,更不是一种全体人类的自觉,个体属于某一自然形成的社会并遵从这一社会运行发展的规律。恩格斯曾说:“历史是这样创造的:最终的结果总是从许多单个的意志的相互冲突中产生出来,而其中每一个意志又是由于许多的生活条件,才成为它所成为的那样,这样就有许多相互交错的力量,有无数力的平行四边形,由此产生出一个总的结果,即历史事变,这个结果又可以看作一个作为整体的、不自觉的和不自主的起着作用的力量的产物。因为任何一个人的愿望都会受到另一个人的妨碍,最后出现的结果就是谁都没有希望过的事物。”[①]因此,在这种个体自觉的水平建立的社会结构,并不是预设的,是个体所不能驾驭的,所以称其为“自发的”。社会控制论创始人罗斯把这种自发形成的社会结构称之为“自然秩序”,他认为,这种自然秩序是一个“没有人工设计和作用的秩序”,是一个自然而然形成的社会。正是由于这种结构的“任意”性,它才具有符合社会各种能量发展的总体平衡的特点,这种总体的平衡,是社会各种能量之间长期冲突、协调、作用的结果,因此具有基础性和现在性,是人类建构自觉的社会结构所要仿照的内容和赖以建立、存在的基础。[②]

所谓自觉的结构是指为了整个人类的利益,或者为了某一强有力的集体的利益而自觉建立的社会联结方式,它包括法律、制度、规范和国家。我们把人类所有的自觉活动分为个体自觉、群体自觉和类自觉。自觉的社会结构主要还是群体的自觉的产物,或者说是“某一”群体的产物,这个群体有着十分强大的组织力量,例如国家、阶级、政党。但是这种结构不是凭空产生的,它以自发结构为基础,同时又具有超越性和灵活性。从社会整体来看,这种自觉的社会结构的存在是必须的,它的产生和发展是必然的,它是社会存在和发展的必然结果和必要条件。

社会结构一般体现在三个方面,即生产力、生产关系以及建立在二者关系

---

① 《从主体性原则到实践哲学》,王义军著,中国社会科学出版社,2002 年版,第 164 页。

② 参见《转型社会控制论》,杨桂华著,山西教育出版社,1998 年版,第 59 页。

基础之上的思想观念。这种结构要素的划分体现了人与自然、人与社会的关系，同时也突出了人的精神活动的重要作用。王南湜教授认为，“人与自然的现实性关系一般称之为生产力，其本质为技术；人与人之间的现实性关系一般称之为制度；两种理想性关系可统称为思想观念或观念”。这样，技术、制度和观念就成为决定社会结构变迁的主要因素。

技术是人对于自然实行控制、利用的手段总和。技术的变迁或进步，导致物质资料生产能力的提高，是直接推动社会结构变迁的力量。“技术的进步，至少使人类在总体上获得了更多的闲暇或自由时间，从而有更大的可能进行关于生活意义的创造。”[①]制度作为人与人之间的一种关系状态，是必定同人与自然之间的特定关系状态相关联的，任何人类活动都是人与人和人与自然的关系，因此，单纯的技术是不存在的，它必定要存在于一定的制度之中，正是制度使技术具体化、现实化了；人的活动不仅是自觉的、有意识的，而且是受一定的思想观念范导的，在不同的思想观念的引导下，人可能趋向不同的方向。人的自觉活动使得他不得不受制约于一定的思想观念，因而，技术的进步、制度的改变，都必然伴随着思想观念的转变，三者浑然一体，不可分割。

技术、制度和思想观念都主要通过个体、群体或类的自觉活动发生作用，在社会主体的作用下形成某一特定的结构。社会主体通过协调三者之间的关系保证社会的正常运行，推动社会的发展。但是，当社会发展到某一时刻，这种自觉的社会结构又转化为抑制社会自发结构生长和发育的阻碍力量，由保证社会系统稳定和正常运转的先进的力量转化为阻碍社会自发和自觉结构更新保守力量，这是就会有一种新的社会力量来冲击旧有的社会结构，最终形成能够容纳更加巨大的社会能量的新的社会结构。新的社会形态产生了。

“一个社会从一种形态转化为另一种形态并不是任意的、随机的，而是社会能量与社会结构不断作用的结果。社会能量是社会系统运作的量度，是人类以

①《从领域合一到领域分离》，王南湜著，山西教育出版社，1998 年版，第 52 页。

文化创造的方式所运用的一切能量，它被纳入了社会系统，并使社会系统得以生存、运作和发展的一切能量”。[①]这种能量以社会为载体，通过“人化”的方式产生，它一方面表现为生产力，一方面表现为文化，其特点就是必须要通过人的转化才能成为社会的能量。生产力是在人化活动中所表现出来的人类征服自然获取生活资料的能力，而文化则是通过人类的大脑产生的一种精神力量，这种力量的特点是不断地创造社会发展的新的空间。社会能量的存在方式多种多样，它以人、群体、资金、社会资源、人化环境等各种物质形态以及思想、观念等精神形态存在着，时刻都在影响着社会的发展变化。

社会能量的类型也有两种：维生能和发展能[②]。所谓维生能是指用来维持社会系统生存的社会能量，它的运作只在于使得社会生活的复制和循环得以进行，社会的发展基本处于周而复始的简单循环。所谓发展能是人类用以进行文化创造的社会能量，它的运作不是用于维持人类的生存，而是用来创造新的人类生存空间和生存方式，使社会呈现出螺旋式上升或直线式上升的发展状态。

社会能量与社会结构相互作用，推动着社会的不断发展。社会能量总是存在于一定的社会结构之中，社会能量的变化考验着社会结构的稳定性和合理性。如果社会能量的增长是在社会结构的许可范围之内，社会相对保持稳定，如果社会能量为社会结构所不容，二者就会发生颠覆式的冲突，冲突的结果必然会导致社会结构的改变。[③]

社会能量的调控方式分为自在的和自为的两种[④]。自在的调控方式是社会本身的历史传统、结构特点起决定作用，社会能量会以其自身惯有的方式运行，这种调控方式没有特定的调控主体。自为的调控方式会按照某种意志来强制社会能量按某种方式运行，以期实现控制主体所希望达到的目的，具有主观能动

① 《转型社会控制论》，杨桂华著，山西教育出版社，1998 年版，第 64 页。

② 同上，第 68 页。

③ 参见《转型社会控制论》，杨桂华著，山西教育出版社，1998 年版，第 77 页。

④ 同上，第 80 页。

性。这两种控制方式共同作用,推动社会发展。这种控制就像河流的流动一样。河流总是按照某种地形(结构)或自然的某种力量在运动前进,不管是九曲回肠还是飞流直下,它在运动,却不知为什么运动,而人类按照某种需要,筑堤修坝、围湖修渠,以期达到预设的目的。

对于社会能量的控制,随着人化自然力量的不断增强,人类自为的控制总是占据主导地位,人类总是想方设法去达到自身的目的,引导社会能量,形成某种社会结构。但是这种社会结构的构建,也存在着不同的水平。社会系统在与自然系统相互作用的过程中,在个体自觉水平上自发形成的社会结构,是为了适应当时的社会情况,与当时的社会能量是刚刚吻合的,这是一种低水平的自组织活动;而在群体自觉水平上自觉建立的社会结构,就具有了扩充社会结构容量的可能性,具有了超越现实社会能量的超前性质,这种社会结构从理论上说其存在的历史时间要相对长一些,因为它现时建立的结构容量可以容纳以后增长的社会实际能量。但是,这种在群体自觉水平上建立的社会结构在本质上要受到这个群体根本利益的制约,它的利益不可能像它自己所说的是社会全体成员的普遍利益,因此,它的预设容量也是有限的,甚至有时还会小于自发社会结构能量。只有在类自觉水平上建立起来的社会结构,其结构容量的超前性质才能达到历史上从未有过的水平,根本的原因在于此时已剔除了群体利益的局限性。虽然这时建立的社会结构的超前性也是有限的,但这只是由于认识水平的局限造成的,因此它会远远大于受阶级利益和认识水平双重限制建立起来的社会结构的超前容量。这时,社会的发展才真正地为人的自由发展提供了广阔空间和无限可能。

学习型社会处于群体的自觉向类自觉发展的过程之中,这种发展需要很长的一个历史过程,但现在已初露曙光。学习型社会产生的基础是自觉的社会结构已经发展到了一定的水平, 自在的控制却只能做低水平的重复和维持活动, 这时就需要自为的社会控制建立一种自觉的社会结构, 实现社会结构的优化, 为社会能量的增长提供无限可能的空间,它不畏惧社会能量的突飞猛进,而且还会动用各种方式去催化社会能量的尽快增长。特别是在知识经济时代,新兴战略型产业更新速度加快,不断学习是保证不被淘汰出局的前提;在结构转换、机制转轨、利益调整和观念转变的新时代,通过接受教育、不断学习是适应新的行为方式、生活方式、价值体系的急剧变化的保障。①根据马斯洛需求理论,个体满足任何层次的需要都要不断学习,只有学习提高自身知识和能力,才能适应社会经济发展并释放自身知识和技能的经济价值进而彰显知识和技能红利,才能在满足底层需求的基础上将目标定位于更高层次的需求。所以说,人对价值的不懈追求是学习型社会发展的主观动力。

在学习型社会中,社会的序变能力非常强,有着极强的适应、创新、求发展的能力。它总能不断地超前策划、推陈出新、自我改造,从而来适应社会能量的不断增长。这种社会的自觉发展的能力,决不是建立在"未卜先知"的基础上,而是建立在"类自觉"的基础之上,群策群力,从而达到社会与人的相互建构、相互促进。因为学习型社会中人的主体性得以彰显,人的创造性和发展的主观愿望空前提高,所创造出来的发展能迅速积累,返回来又不断地冲击着社会结构,要求社会结构发生相应的变化以适应新的能量的增加。所以学习型社会的社会结构必须能不断适应这种能量增长的方式,尽快将新生的无序能转化为有序能,将其引导为促进社会发展的能量,为社会所用。在这种情形下,依靠社会本身的自在的调控方式已远远不能满足社会发展的需要,只能通过建立自觉的调控方式,形成有目的、有意识的调控体系,促进社会技术、制度和思想观念在主体调控下以新的方式快速发展。在这种自觉的调控方式下的社会结构是开放的、灵活的,充满弹性的。

## 二、学习型社会是以自觉结构为主体,自发结构和自觉结构的统一

在自发形成的社会结构基础上,人们建立了自觉的社会结构,虽然自发的

① 《学习型社会建设动力机制探究》,夏海鹰,《教育研究》,2014,第49页。

结构制约着自觉结构的可能性范围,但是在这个可控范围内,仍存在着很大的自由度,人可以在此区间内发挥自己的主体性。“人类社会的历史发展过程不仅具有客观性、物质性,而且必然是一个文化进化或文化创造的过程。在这个过程中充分显示出社会历史主体在社会发展过程中所表现出来的自主性、自为性和自由性。这就是,人们可以在社会系统演化发展的可能性空间中能动的选择和创造符合自身价值追求的社会结构系统或社会生活的方式,从而真正把握自身的历史命运。”[①]社会自发结构是社会发展的基础,当社会陷入无序状态时,没有统一的力量来左右社会的发展,但社会还能以一定的方式存在和发展,这就是自在的结构在发生着作用。在自发结构基础上,自觉的结构操纵着社会的发展,在绝大多数时候发挥着作用。

社会能量积聚到现有的社会结构难以容纳的时候,旧的社会结构就面临着改革和调整,这种变化有时是通过一种革命性的变革,产生的是一种摧毁式的,有时也会以一种温和式的改造来进行的,是一种内部结构的自我改造。随着原有社会结构的变革,新的社会结构的权力就会让度到新兴的统治阶级手中。通过这种变革,社会能量得以引导、重组和释放,新的社会结构比之旧的社会结构有更大的涵容量,社会运转又会重新趋于平稳。封建社会代替了奴隶社会,劳动者解掉了套在身上的枷锁和镣铐,提高了劳动能力;资本主义社会取代了封建社会,劳动者摆脱了人身的限制和土地的束缚,成了能够出卖自己劳动力的“自由人”,虽然这种解放是以一种极端的、痛苦的方式来进行的,但是通过这种方式,人类得以大面积、高效率地进行生产劳动,人类从自然中转化而来的社会能量越来越多,自觉的社会结构的容量就相应增大。随着社会能量的渠道日趋增多,人的自由度也在不断提高。在这个过程中,每一个新的社会总是优于前一个时代的社会结构,总是在更大程度上符合社会与人的发展的需要,社会人性化的特征也就越来越明显。社会发展的这一趋势,是社会自身发展的必然结果,这

---

①《辩证的历史决定论》,陈晏清、阎孟伟著,中国社会科学出版社,2007 年版,第 103 页。

有人类社会自发结构及自在控制的功劳，同时也是社会自觉结构和自为控制的结果。

在社会发展中，存在着两种社会发展的方式，一种是自发结构推动自觉结构的发展模式，一种是自觉结构牵动自发结构的发展模式。所谓自发结构推动自觉结构发展模式，是指社会自发的结构先于自觉的结构得到发展并推动自觉的结构向符合自身特性的方向发生变化，自觉的结构已不能适应社会前进的要求，像民主主义革命推翻封建王朝的更替便是如此。所谓社会自觉的结构牵动自发的结构发展的模式，是指社会自觉的结构较早地意识到社会发展的历史趋势，自觉地鼓励文化创造方式的更新，转化和积聚更多的社会能量，同时从外部环境中吸纳更多的社会能量，牵动自发的结构向自觉结构引导的方向发展。中国的社会主义建设道路就是如此。而在学习型社会里，这种自觉的牵动式的发展模式则表现得更为明显。自觉的结构意识到社会发展的历史必然性，自觉地鼓励社会成员进行文化创造；制定一系列相应的政策和措施吸纳外部环境的社会能量；有计划地合理地安置这些新增的社会能量，使之成为一种有序能，为社会发展准备好主要的条件。由于社会自觉结构的自觉性、主动性和计划性，学习型社会存在着巨大的发展空间。

在进行社会结构的自觉构建时，我们还要清醒记得的是，自发的社会结构到底是自觉结构建立的基础，虽然人在社会结构的构建上，可以将自己的意志加于其中，支配社会发展，但是，社会自发结构的基础性和制约作用毕竟不能抹杀，人不能完全超越这些现实力量的制约。因此，人类在构建社会结构时，还要理想与现实相结合，大胆而又客观地审视社会现状提出的要求，否则，脱离了社会现实，只会成为虚无缥缈的“乌托邦”。

### 三、学习型社会的结构是合目的性与合规律性的统一

从不同层次、不同角度来研究社会结构，可以获得不同的社会结构的概念。马克思从社会经济关系的角度来研究社会经济结构，认为社会的经济结构是社

会生产关系的总和。马克思说:“人们在自己生活的社会生产中发生一定的、必然的、不以他们的意志为转移的关系,即同他们的物质生产力的一定发展阶段相适应的生产关系,这些生产关系的总和构成社会的经济结构,即有法律的和政治的上层建筑树立其上,并有一定的社会意识形成与之相适应的现实基础。”[①]由此,我们可以概括的说:社会关系的总和构成社会结构[②]。

在社会结构中,生产力和生产关系构成了社会结构的基本样态,并决定着其他结构的形成。社会经济结构是在生产力结构的基础上建立起来的。但是在一定生产力结构的基础上,建立什么样的经济结构,存在着一个较大的可供选择的空间,这就意味着,人可以在这个空间里,运用自己的聪明才智,选择或构建符合自己目的的社会经济结构。在发达的资本主义社会,生产力已经有了高度的发展,但他们所建立的是资本主义经济结构;而在我国,虽然生产力没有得到充分发展,也建立了社会主义经济结构。即使生产力水平再相似的国家,也可以建立不同的经济结构。这就说明:“人类社会的经济结构,不单纯是人类社会发展的必然产物,同时也是历史主体选择的结果,是合目的性与合规律性的统一。”[③]一方面,社会结构具有客观性,建构什么样的社会结构,是由社会发展的客观规律所决定的;另一方面,社会结构的建立,也依赖于历史主体的合目的性选择和创造活动。20世纪中叶,我国取得新民主主义革命胜利后,虽然生产力水平低下,但仍然选择了通过新民主主义革命走上社会主义的道路,建立了社会主义经济结构。中国共产党第十一届中央委员会第三次全体会议后,我们又逐步建立和完善了社会主义市场经济体制,实现了从计划经济向市场经济的转变。这两次历史性的选择,都体现了历史主体的能动作用的发挥。这些选择表明,即使在同样的经济基础上,由于主体的目的性不同,仍然可以建立不同的社会基本经济制度;即使在不同经济基

①《马克思恩格斯选集》,第2卷,中央编译局编译,人民出版社,1995年版,第32页。

②③《“以人为本”的社会结构观》,孙显元,《安徽大学学报》,2004年第1期。

础上，由于主体的目的性相同，也可以建立相同的社会基本经济制度。这都实现了人的主体的合目的性与合规律性的统一。由此我们可以得出一个结论，任何一个社会形态的经济结构，都包含两个部分，一部分是自发形成的社会结构，是自在的；另一部分是可以选择的，是可以主观构建的，是自觉的。每一个社会的经济结构都是这两部分结构的统一。如果把自发的社会经济结构当作一个建筑物的根基，那么，自为的经济结构就是这个根基上建立起来的建筑物。自发形成的经济结构是社会自然形成的，是具有不可选择性的，也是不可超越的。自觉的经济结构则是可以超越的，社会主体可以根据社会力量的强弱对比，在综合平衡的基础上，根据本国经济、政治和文化的发展状况所做出的选择。例如，以此推理，商品经济是不可超越的社会发展阶段，资本主义则是可超越的社会经济结构。

赫钦斯认为，“所有全体成年男女，仅经常为他们提供定时定制的成人教育是不够的；除此之外，还应以学习成长以及人格的构建为目的，并以此目的制定制度以及更以此制度促使目的的实现，从而建立一个朝向价值的转换及成功的社会”。[①]整个社会要从“学校化社会”转变为“学习型社会”，学习资源由构成社会的各个部门来提供，每个人都要参与教育和学习活动，充分发挥学校以外机构和制度的教育能力，达到自觉学习的目的。[②]学习型社会是以社会主体的自觉性特点为主构建的社会结构，体现了人的自主性、自觉性和能动性，同时，在社会发展的客观规律上，也体现了社会自身的自我发展、完善的要求，体现了合规律性与合目的性的统一。知识经济的迅速扩展，促使社会以极快的速度发展，社会经济的增长方式由劳动密集型向知识密集型转变，高新技术的应用极大地提高了社会生产率，社会能量迅速聚集，但同时客观的自在的社会结构的变化却不可能立即发生反应，只能通过人的自觉意识来

---

① R.Hutchins，The Learning So ciety［M］.London：FredericA. Praeger，Inc，publishers，1968.

②《国内外对学习型社会研究的现状评述及展望》，朱孔来、李俊杰.《贵州师范大学学报（社会科学版）》，2011 年，第 136~144 页。

加以主观的调控,需要人的聪明才智来驾御,否则,一旦出现社会发展能失控的局面,社会将出现严重倒退。所以,学习型社会虽然是自觉结构为主的社会结构,但同时也是社会客观发展规律提出的强烈要求,体现了合目的性与合规律性的统一。

## 四、学习型社会中社会结构与人的相互促进

我国现阶段人的发展和社会结构的转型,是同一现代化进程中的两个方面。人的生存和发展的内在需求是社会结构转变的动力和根据,社会结构的转变是人的发展的社会表现,并为人的发展提供日益改善的社会环境和条件。我们要通过人和社会的互相推进,不断实现人的优化和社会结构的优化。①

社会结构是社会诸要素的组合形式及其运行方式,其核心是人的社会活动及其产生的社会关系。在整个人类历史发展进程中,已成为桎梏的旧的交往形式往往被适应于比较发达的生产力、适应于更进步的个人自主活动类型的新的交往形式所代替,新的交往形式又会变成桎梏并为更新的交往形式所代替。从这一角度讲,"社会结构进化变迁的主体进程,就是由封闭、自然、经验的初级群体联系和交往,日益走向开放、自觉理性的个体有机社会组织连接,并最终趋向于'狭隘的、地域性的个人为世界历史性的、真正的普遍的个人所代替'的'自由自觉'的'自主活动',从而促进人的解放和全面发展"。②在人的主体性不断提升的背景下,社会经历着不断的解构与重构,不断释放和蓄积新的能量,向更高层次发展。

人与社会通过需要连接起来。人和社会结构在需要中介下的交互作用,推动着人和社会不断发展。人的物质需要促使人进行物质生产活动,产生了人与人之间的社会分工与合作,促进了生产力的发展;交往秩序需要促进了社会政

---

① 参见《社会转型与人的现代重塑》,李淑梅著,山西教育出版社,1998年版,第67页。

② 《结社:中国社会结构变迁的重要现代化要素》,马长山,《社会工作研究》,1995年第5期。

治组织和国家的出现，产生了政治法律制度和道德；意义的需要使人的精神活动和精神交往成为可能，从而产生了道德、宗教、艺术、科学和哲学等。因此，“一定的社会结构是基于现实个人及其感性物质生产实践活动的，现实的个人及其现实活动是社会结构赖以形成和存在的前提和基础。”[①]这里所说的个人与社会，是脱离了个人原子主义与社会整体主义的个人与社会，二者不是二元对立的，而是统一的。先进的社会结构促进人的发展、对于改善人的需要、提高人的素质、发展人的能力具有积极的促进作用；落后的社会结构阻碍人的发展，抑制人的才能的发挥和发展，甚至对先进的个人进行社会制裁。

社会历史发展证明，社会结构的先进性和人的先进性具有内在的统一性，忽略了这一点，就会造成社会发展的迟滞甚至倒退。一方面，社会结构的优化是人的发展的条件。社会结构基本上可分为政治、经济、文化三个主要方面内容，民主的政治、发达的经济以及开放的文化则是现代人才成长的必要条件，如果缺乏这样的环境，即使有现代性的人才也会为落后的社会制度所扼杀。在我国旧民主主义革命时期，许多从国外深造归来的仁人志士，满怀一腔报国热情却不得施展，另人扼腕。另一方面，人的现代化是社会发展的前提。社会的自觉结构是由人构建的，没有现代化的人，就很难设计出先进的社会结构。一些长期致力于现代化探索的发展中国家，开始时曾天真地以为，只要从国外引进先进的科学技术，移植国外先进的工业管理方法、政治制度，就足以使他们跻身于现代化的国家之列。但现实证明，仅仅照搬国外的现代化模式，而本国国民却缺乏赋予这种模式以真实生命力的现代精神基础，是不会得到成功的，这正如法国学者让·莫内所指出的：现代化需先化人再化物[②]。

我国新民主主义革命胜利后所建立的社会主义制度，建立了以计划经济为基础的整个社会结构。“这种社会结构的本质特征是高度自觉的计划性。”[③]在我

---

①《社会转型与人的现代重塑》，李淑梅著，山西教育出版社，1998 年版，第 68 页。

②《主体性教育》，张天宝著，教育科学出版社，1999 年版，第 17 页。

③《社会转型控制论》，杨桂华著，山西教育出版社，1998 年版，第 270 页。

国社会主义建设初期,曾集中了有限的社会能量,有效地恢复了国民经济建设。但是，这种自觉的社会结构是在社会主体的整体素质偏低的情况下建立的,仍然没有摆脱传统的社会控制方式,所以这种自觉表现为低级的自觉。由于这种社会结构并没有建立在人的现代化基础上,所以,高度自觉的社会结构,需要有高度自觉能力的主体来构建和掌控,这种主体不是单个的或一小部分“先知先觉者”,而是国民素质的整体提升。

因此,在学习型社会中,就要着力去建立这种人与社会结构的和谐与统一,由社会主体发挥自身的能动性与创造性,建立一种自觉的社会结构,使二者在相互观照中共同发展。在学习型社会中,知识经济的迅速发展,使社会具有了雄厚的发展后劲，社会主体有了更多的闲暇时间和更广阔的思考空间去完善自身,这就使社会主体在思考自身命运的同时也发展了自身的主体性。人的主体性的发挥使先进的社会结构的构建成为可能，学习型社会以自觉的结构为主，这种自觉性的发挥主要依赖于社会主体的先进性。

## 五、学习型社会的结构特点

学习型社会是以自觉结构为主,自觉结构与自发结构的统一,它不同于以往的社会结构的自发性、封闭性和保守性,而呈现出自觉性、开放性和形成性等特点。

1.自觉性。自发的结构对自觉的结构具有根源性,自觉的结构对自发的结构具有超越性与灵活性。学习型社会构建起了高度自觉的社会结构,它不会随着自在的社会力量而任意改变。在人类主体性得到极大提升的前提下,人对于社会结构的发展变化,加入了更多的主体意志,当然这种主体意志是在客观的思考前提下进行的。这种自觉性突出表现在人类的理论自觉上。自觉的社会结构不会像自在结构那样,随着自在控制的“波”而逐社会发展之流,而是有着完善的理论体系的构建的。作为社会主体的人依靠自身的聪明才智,勾画出一副美好的社会发展蓝图,再通过客观审察,最终确立社会发展的方向。这种作用的发挥，不是建立在长官意志或是个体自觉意志之上的，而是建立在群体自觉、类自觉的基础之上的，对于社会结构的形成与发展，掺入了人的自觉能动性，使社会发展克服了自在发展的盲目性与随机性。这种自觉性还表现在实践的自觉性上。学习型社会中，社会主体不会像以前社会那样，依靠社会的发展所提出的要求去进行社会活动，由于主体性的提升，社会主体会自觉地参与社会实践，积极地推动社会发展。

2.开放性。任何社会系统都是开放的系统，决定社会发展的是这种系统开放的程度。在极端封闭的原始社会，虽然也存在着人与人的交流、联合，人与自然的物质、能量、信息的交换，但是这种交流、联合与交换却只能是被动的、简单的，其开放的空间和内容都十分有限。学习型社会是一个更为开放的社会结构，这种开放首先是人与自然界之间的交流。在学习型社会中，人与自然的关系是和谐的，不仅是"人是万物的尺度"或"人为自然界立法"等简单的单向交流，更在积极克服工业革命以来的"人类中心主义"的极端思想，努力实现人与自然的可持续发展的目标。人与自然的和谐发展使人类获得了更多的自然回报，为社会的发展不断地提供物质与能量的支持。其次这种开放还表现为主体间的交流更加开放。个体之间、群体之间、国家之间，都是在互相交流、开放中共同发展。由于交通工具和信息技术的发展，有了汽车、火车、飞机、电话、网络等先进的交通工具和交流途径，人类社会越来越像一个"地球村"，国家之间的往来交流更加便利和频繁，社会结构呈现出越来越开放的形态。

3.形成性。在以自发结构为主的以往社会中，由于社会经济发展比较缓慢，促使社会的发展变迁处于相对稳定的状态，一种社会结构的形成轻易不会出现变化和波动，所以社会结构的特点表现为稳定性。学习型社会的结构是一个开放的结构，这就使外来能量和内发能量时刻都在冲击着社会结构，从而使社会结构在基本稳定的情况下，时刻面临着局部的变动和调整。对于一个善于学习的社会，这种结构的变化是一个必然的、内在的规律，这会使社会结构总是在不断发展、变化和形成过程之中。同时,社会结构的这种不断形成的过程,又表现为这种社会结构的包容性和自觉性,社会能量的积聚增长,不会导致社会结构的体系的崩溃,而是不断促使这种结构不断完善,所以这种不断形成中的结构才表现为最稳定的社会结构，它体现了社会结构的自为性。

# 第三章 学习型社会的教育与人的发展

“如果我们接受‘学习型社会’这个观点，不是把它作为未来的梦想，而是把它作为我们时代的客观事实和社会设想（对于这个事实和设想，教育家们、科学家们、政治家们和学者们都正在有意无意地做出贡献），那么我们就必须立即从两个方面采取行动：对现有教育体系进行内部改革和继续改进；寻求革新的形式、各种可供选择的途径和新的资源。”[①]在国际上对学习型社会的研究享有盛名的胡森（Stewart Ranson）曾强调：“教育改革必须放在更广阔的社会场域中加以审视。”因此，教育世界的变革已成为学习型社会构建的一个基础性、核心性的问题，教育的改革与发展直接影响着学习型社会的客观进程。

《国家中长期教育改革和发展规划纲要（2010—2020年）》明确提出我国“到2020年，基本实现教育现代化，基本形成学习型社会”的战略目标。在学习型社会理论研究和实践构建过程中，教育在学习型社会的作用始终是理论研究者和实践构建主体所关注的，因为“教育既是社会的产物，又是社会的创造者；社会经济环境的改造和教育的结构与方法息息相关。”[②]赫钦斯把学习型社会界定为：“除了能够为每个人在其成年后的各阶段提供部分时间的教育之外，还成功的实现了价值转换。成功的价值转化指学习自我实现和成为真正意义上的人已经变成了社会的目标，并且所有的社会制度都以这个目标为指向。”[③]他不仅指

① 《学会生存》，华东师范大学比较教育研究所译，上海译文出版社，1979年版，第235页。

② 同上，第330页。

③ Robert M.Hutchins, *The Learning Society*, 1968, New York, p134.

出教育自身的任务,而且强调社会发展的实现是以教育的发展为指向的,教育成为学习型社会发展的重要组成部分。《学会生存》报告中指出:“教育,如果象过去一样,局限于按照某些预定的组织规划、需要和见解去训练未来社会的领袖,或想一劳永逸地培养一定规格的青年,这是不可能的了。教育已不再是某些杰出人才的特权或某一特定年龄的规定活动:教育正在日益向着包括整个社会和个人终生的方向发展”。[①]这个时代已是一个“空前要求教育的时代”,教育已经越出了历史悠久的传统教育所规定的界限,在时间和空间上扩展到了整个人的各个方面,“未来的学校必须把教育的对象变成自己教育自己的主体。受教育的人必须成为教育他自己的人;别人的教育必须成为这个人自己的教育。”[②]社会已经不能限于通过学校这样一个单独的、垂直的、有等级的机构来发挥教育的广泛作用,必须超越学校的教育范围,把教育的功能扩充到整个社会的各个方面。正如普拉塔奇所说,“城邦是最好的教师”。特别是当知识经济兴起所带来的教育资源和教育技术的巨大变革,整个社会和世界都将含有巨大的教育潜力,社会就很自然的赋予了教育这样的重要的地位和崇高的价值,“‘学习型社会’就是它应有的名称。”[③]

从20世纪90年代初开始,一些发达国家在迎接知识经济到来的同时,已经自觉地把教育改革提到了国家发展的战略地位,在努力革新教育的同时也在构建着学习型社会。英国、美国、芬兰、日本等国家都是在改革教育的过程中构建学习型社会,又在构建学习型社会的过程中完善着教育体系。因为在他们看来,“教育必须此时此刻就专心致志于创造一种新的社会秩序;而这种社会秩序将会实现我们文化的基本价值,同时跟现代世界的社会和经济的根本努力协调一致的。”[④]世界范围内的教育改革及其功能的充分发挥从客观进程的

---

①《学会生存》,华东师范大学比较教育研究所译,上海译文出版社,1979年版,第218页。

② 同上,第218~219页。

③ 同上,第221页。

④《当代西方教育哲学》,陈友松主编,教育科学出版社,1982年版,第95页。

角度支持了学习型社会理论，以不可辩驳的事实佐证了学习型社会构建的必要性和可能性。

## 第一节　学习型社会教育的特征

在知识经济条件下，教育的整体转换是学校、社会走向学习型社会的基本途径和客观反映。确立与学习型社会相适应的教育活动，也是促成学习型社会的重要手段。学习型社会对教育的根本认识与对教育的传统理解有所不同。

### 一、教育与生活紧密结合

赫钦斯认为，在学习型社会中“每一个公民享有任何情况下都可以自由取得学习、训练和培养自己的各种手段。”这与伟大的教育家夸美纽斯所提倡的“人人应该受到一种周全的教育”的主张相一致，它集中体现了一种泛智（爱）主义教育思想。在研究者关于学习型社会的描述中，他们也普遍认为，在学习型社会中，人人皆学习之人，时时学习、处处学习，这些都是基于泛智（爱）主义教育基础上对学习型社会教育的理解。学习型社会正是从这种泛教育的角度上来看教育，以形成学习型社会特有的一种大教育观，超越学校教育的局限，重视生活世界的教育功能，强调教育与生活紧密结合。正如有研究者所指出，“学习型社会的重要特点之一是打破教育的封闭性，促使学习与工作不再割裂、教育与社会融为一体、个人与组织息息相关。学习型社会要打破学习时段、学习空间、学习主体、学习样式的孤立，使学习成为知识社会人们的一种生存方式和生活方式，将学习和教育的功能‘超越学校教育的概念’，‘扩充到整个社会的各个方面’，与人的一切活动以及社会发展相融共存。”①

黑格尔说：“凡现象界的事物，都是以这样的方式存在着的：它的持存直接即被扬弃，这种持存只是形式本身的一个环节。”②学习型社会的教育就是以变

①《“基本形成学习型社会”指标体系的实证研究》，张男星，《教育研究》，2012(1)：100~109页。

②《小逻辑》，[美]黑格尔著，贺麟译，商务印书馆，1980年，第277页。

动不居的方式表现其"持存"的。学习型社会中人们正在经历一个人类教育意识全面觉醒的时代。以往社会里,学校教育外的其他教育活动都被降至社会意识的自觉水平以下。正如科里根所描述的那样:"经验的意义和教育的外延都被'固化'为学校教育,'固化'为一些通过行动或证书表明某人受过学校教育的表达形式,其他的教育实体或教育形式都被'催眠'了……"[①]进步主义在20世纪初提过的改造公共教育体系重在提醒人们:整个社会生活都是对人的教育过程,而学校不过是一种特殊的社会环境。之后的一些进步主义者,如伊利奇、拉贾·罗依·辛格、康内尔、克雷明等都对学校教育在社会发展变化中所日益表现的脱离生活、脱离实际和忽视人的发展等弊端提出改造学校教育,从教育内容、教学方法和学校职能等方面进行改革,反映出了学校教育努力跨越制度化所形成的僵化边界,在同制度化以外的教育实体合作中从学校走向社会的发展趋势。

英国学习型社会研究专家兰森认为,学习型社会的实现有赖于传统教育过程的重大变革,他说:"如果社会要朝向学习型社会方向发展,正规教育机构就需要有一个根本性的变化,以防止它们把教育封闭起来,人为地把教育与日常生活过程相分离和过分狭窄地定义教育的对象。"[②]当前,"非正规学校教育"已经成为一种世界潮流,这场运动的社会效应限于劳动界,它以灵活的形式和直接贴近社会教育需求的内容在一定程度上打破了正规学校教育系统的"失败垄断",促进了多种教育形态之间的联系,形成了对正规学校教育系统十分重要的补充。由于这种补充和完善,"公共教育"真正成为"公众的教育",这就允许并促使公众自觉思考教育问题,自觉选择个人所需的教育形式,使教育发展自觉满足人们不断增强的日常生活的"知识建构力",人们在日常生活中学会的东西越来越多,科学知识向常识转化的速度日益加快。随着公众教育意识不断走向普遍的觉醒,人们越来越多地认识到教育与自己的生活密切相关。"当人们的要求

---

① David W.Livingstone & Contributors,*Cretical Pedagogy and Cultural Power*,Bergin and Garvey Publisher,Inc.,1987,P.21.

② 参见 *Towards the Learning Society*,Ranson,Stewart.,London:Cassell Educational,1994,第1~24页。

决定了教育的性质时，其结果便是这一类的内容。人们想要学习的东西将是在生活中实际可用的东西，它们想要同生活保持紧密联系。”[①]在构建学习型社会的过程中，学校以外社会生活中各种教育形态的自觉性及其效能也在逐渐增强，用富尔等人的话来说，就是“多种现实的和潜在的因素已经丰富了生活”。[②]这些现实的和潜在的因素有机地联系起来形成社会生活整体的教育效能，加大了人的发展资源在社会生活中的分布密度，使教育真正存在于社会生活的普遍过程中。

学习型社会在大力发展“非正规学校教育”的同时，仍然要保留并完善正规学校教育的形式，并允许正规学校教育坚持自己的特色，因为学校教育是作为社会生活的特殊部分来履行若干教育功能的，学校的这些教育职能在总体上是从属于一定社会生活的。经过近一个世纪的持续不断的学校教育改革，学校教育已经自觉加强了同社会生活中其他教育形态之间的联系。教育内容从以知识为中心的教育逐渐转向以能力为中心的教育，教育方式从僵化和非人格化转向人性化，正如康内尔所说“学校从教学到教育过程的变化是一个越来越有人情味的过程。”[③]世界各个国家的多种技术学院广泛的建立和发展，美国赠地学院运动中形成的“康内尔计划”和“威斯康星思想”都标志着学校教育已经向社会生活的全面渗透，教育向社会生活全面渗透的过程也是教育从社会边缘走向社会中心的过程，在这个过程中，教育与社会之间形成了一种相互依赖关系。社会也开始了自觉的“学习化”进程。陈桂生教授对人类教育的发展历程作了一分为二的评价，并预示了教育的复归，他说：“当教育越来越正规化且成为现代人观念中‘教育’的样子时，一方面普遍提高了人类文明的水准，解放了人；另一方面对扩大人与人之间文明水准的差距，使教育过程中的社会联系越来越抽象化，人在教育过程中越来越丧失自主性，甚至丧失自然的求知欲望，它反而束缚了

① 《时代的精神状况》，[德]卡尔·雅斯贝斯著，王德峰译，上海译文出版社，2003年版，第121页。

② Edgar Faure, et al., *Learning to Be*, UNESCO, Paris, 1972, P.160.

③ 《二十世纪世界教育史》，[澳]W·F·康内尔著，张法昆译，人民教育出版社，1990年版，第23页。

人。这样，人类从非形式化教育过渡到形式化教育，进而从非制度化教育过渡到制度化教育，形成独立的大规模的教育系统以后，又在新的基础上转而复归为非形式化、非制度化、非体系化教育。”[①]当然，学习型社会的教育重新走进生活，呈现出非形式、非制度、非体系化的特点，这绝不意味着对形式化、制度化、体系化教育的全盘否定，形式化、制度化、体系化的学校教育仍将在学习型社会中发挥着重要的作用，并表现出自身固有的特点。这是因为教育的发展过程不是简单的更迭的过程，而是辨证的运动过程。学习型社会超越学校教育的局限，主张恢复教育与生活世界直接的具体的联系。它不是对杜威的“教育即生活”的原版复制，也不是像卢梭对自然教育的偏爱，而是努力实现着夸美纽斯的“人人都能受到一种周全教育”的现代复归，坚信“对整个人类来说整个世界就是教育。”[②]

学习型社会作为联合国教科文组织推动国际社会教育改革进程的发展方向，是许多国家教育改革的核心目标。因为只有在学习型社会，才能改变赫尔巴特、卢梭、杜威等人关于生活教育的主张仅仅轰动一时的命运。学习型社会需要面向生活，也为教育贴近生活开辟了道路。

为此，近年来我国积极推进学习型社区和学习型城市建设，试图实现教育与生活紧密结合，构筑一种具有普遍教育意义的学习型社会。2014 年，国家教育部等七部门下发《关于推进学习型城市建设的意见》，提出在全国各类城市广泛开展学习型城市创建工作，形成一大批终身教育体系基本完善、各级各类教育协调发展、学习机会开放多样、学习资源丰富共享的学习型城市。通过学习型社区和学习型城市建设，为我国居民在所生活的社区和所生活的城市能够零距离实现学习。2016 年，国家教育部等七部门颁发《关于进一步推进社区教育发展的意见》，明确指出到 2020 年，社区教育治理体系初步形成，内容形式更加丰富，教育资源融通共享，服务能力显著提高，发展环境更加优化，居民参与率和满意度显著提高。

①②《外国教育通史》，滕大春主编，山东教育出版社，1990 年版，第 89 页。

## 二、终身教育

“终身教育是学习型社会的基础”，这是联合国教科文组织在《学会生存》这份报告中所持的基本观点。一些学者或从社会学角度指出学习型社会应该具备提供终身教育的能力，或从个体的角度提出学习型社会人人都应进行终身教育，或从教育的角度来论证在学习型社会终身教育应致力于人的全面而自由发展。事实上，终身教育是学习型社会的基本条件和重要特征之一，是推动和维持学习型社会的基本途径和重要手段之一。从某种程度上来说，终身教育实现了学习型社会教育向生活的复归。

由于学习型社会的构建还处在一个过程之中，它所面临的一系列的挑战要求教育与生活紧密结合。朗格朗在《终身教育导论》中指出现代人面临的各种挑战中的具有“挑战性的因素”，共九种：①

1.社会变革的加速，打破了人们保持现实生活和生活观念之间的平衡，迫使教育必须寻找新的途径；

2.人口的增长，人的寿命不断延长，要求教育在数量上有所发展，并在教育职能、性质上都有所改变；

3.知识爆炸和科学技术的发展迅速影响全人类，要求从业者不断更新自身的知识和技能，并要求发展成年人教育；

4.政治基础和结构的变化，要求公民提高参与意识和参与能力；

5.信息的增长，增进国际间的合作与了解，要求人们具有吸收和利用信息的能力、批判和选择的能力；

6.闲暇时间的增多，产生新的教育和生活需求；

7.生活方式和人际关系的危机，动摇了传统的生活方式；

8.伦理道德的危机，对物质生活过分渲染构成了对现代文明的挑战；

---

①《终身教育导论》，[法]保罗·郎格让著，滕星等译，华夏出版社，1988年版，第21~31页。

9.思想意识形态的发展,信仰与学说的多元化,令人无所适从。

朗格朗认为这些问题和需求所具有的广泛性和复杂性,将动摇整个教育观念和教育方法,导致千百年来形成的传统教育严重失灵,为此,教育不得不寻求新的出路,即终身教育的道路。

为了应对这些挑战,寻求教育、社会与人的和谐发展,几乎每一个国家在构建学习型社会的过程中,都坚持以终身教育为教育改革的目标。瑞典"回归教育"体制的建立是为实现终身教育目标而制定的,并建立了一套立法保障机制保证民众的终身教育得以实现;美国在20世纪80年代就提出由学力社会向学习型社会过渡,以终身教育为宗旨大力开办社区学院和多样化的成人教育和学习活动,让"社区中每一个想学习的人都可以在社区里找到一套属于自己的课桌椅";英国利用信息通讯技术和网络资源建立了不同于传统意义教育机构——产业大学,确保向每一个人提供教育服务;日本在20世纪90年代初全面启动学习型社会的建设共作,建立开放学校,加强与民间教育的合作,利用学校设施建立面向居民的"终身学习教育",中国在向学习型社会转型的过程中积极构建自己的终身教育体系,其阶段性目标是"到2010年基本建立符合中国国情特点的终身学习系统,学习型社会初步形成"。[①]实现"全民教育"和"科教兴国"。由此可见,终身教育不是单单从教育时间这一个方面来理解的,终身教育包括了教育的一切方面,它是以"突破传统的接受教育的年龄限制为基点的在教育领域所展开的一场全方位的革命"。[②]

终身教育能够成为学习型社会的基本条件和重要特征之一,成为维持和推动学习型社会的基本途径和重要手段之一,一方面是社会发展的这个外部大环境的自然选择,另一方面是社会主体经过理性考察而做出的自觉选择。终身教育始终倡导和坚持的自己的独特性,因为这些独特性从根本上佐证了终身教育

---

①《十六大报告辅导读本》编写组编,人民出版社,2002年版,第329页。

②《学习型社会的高等教育》,陈廷柱著,南京师范大学出版社,2004年,第143页。

与学习型社会的独特的关系,佐证了学习型社会的必然性。朗格朗从终身教育与传统教育对比的角度把终身教育的特性概括为十方面:[①]

1.传统教育体系把教育限制在人生的某一个时期,而终身教育则是通过全部生涯来进行。

2.传统教育集中学习知识,而且是抽象的;终身教育则是智育、情绪、审美、职业、政治、身体等多方面授予整体性教育。

3.传统教育体制将职业教育同普通教育、正规教育同非正规教育、学校教育同校外教育等各种教育活动割裂开来,终身教育考虑到人格全面有机的发展,谋求各种教育之间的联系。

4.传统教育体制以知识观为立足点,以将积累起来的已知信息传输给下一代作为教育的目的。终身教育则立足于知识、理性、人格的和谐统一,认为人是在不断探索中展开教育活动的时间性存在。

5.传统教育体制以通过外在的规范复演人类已有的文化价值观念为教育的重点,终身教育则尊重个性,重视个体自发的、自主的成长。

6.传统教育体制把教育视为传授文化遗产的手段,终身教育认为自我不断的发展过程就是教育,将教育视为成长的手段。

7.传统教育体制使教育成为筛选人的工具。终身教育认为只限于未成熟时期的一次性挑选是无益而有害的,希望教育能在人的一生中始终扮演着促进人充分发展的角色。

8.传统教育体制将教育限定在中小学、大学、技术专门学校等故意分离开来的领域中,而终身教育要把教育扩大到朋友关系、家庭、工作岗位、约会、政党、工会、社会与人们实际生活有关的各种环境中去。

9.传统教育体制在各种形式的教育与训练之间设定了一种等级秩序,终身教育对教育机会的选择只是依据各种可能利用的媒体是否适合于个体与社会

①《终身教育大全》,[日]持田荣一著,龚同等译,中国妇女出版社,1987年版,第20-21页。

发展的需要。

10.传统教育体制认为教育只能由社会中的部分人——教师来进行,终身教育主张根据时间、情况的不同,由社会整体来提供教育机会。

终身教育正是在批判和改造传统教育的基础上构建的,它继承了杜威对教育的理解,即对“教育即生长”“教育是生活的需要”“教育是社会的职能”这三个命题的全部内涵,这也是杜威对教育认识史的重要贡献。首先,杜威从生成观的角度出发提出真正完整全面的教育概念,从“生长”到“生活”再到“经验”,这个过程以生长为起点,又以生长的具体过程和机制为终点,经历了一个人从个人到社会再到个人与社会的统一的辨证历程;其次,杜威把教育和社会生活紧密联系在一起,它涨破了学校教育的时空框架,肯定了社会生活对人的教育的作用;第三,杜威承认人在教育活动中的主体地位,他把教育看作是个人主动参与共同的社会活动的过程中发生的,因此这是一个能动的自我生长的过程。这三个特点统一于杜威的教育理论体系中,我们就是沿着这条思路发现当代教育国际提出的“终身教育”思想的,所以韦恩认为杜威的教育哲学与终身教育计划之间有明显的一致。①

终身教育以其丰富历史渊源和真实的实践特征支持着学习型社会理论和实践,虽然终身教育有其自身独立的理论价值,但它只有放在学习型社会这一特定的社会历史中才能实现,即终身教育既是学习型社会的产物,又是学习型社会的创造者。终身教育与学习型社会存在着必然的联系,接受“学习型社会”的这个观点,也要接受“终身教育”这个观点,社会发展的进程已经把它们作为我们这个时代的客观事实。诸如社区教育,就是学习型社会所体现出终身教育特征的具体表征。社区教育主要为人的终身教育服务,综观欧美发达国家在构建学习型社会的过程中,社区教育以其公共性、公益性、全员性、灵活性服务着社区中的个体随时便捷性地开展学习活动。自 2005 年起,我国每年十月份开始

① See Kenneth Wain, *Philosophy of Lifelong Education*, Chapter 6.Croom Helm Ltd., 1987.

举办“全民终身学习活动周”活动，每年都确定一个主题，具体活动内容一般涉及到推动社区广泛开展全民学习活动、推动各类学校和教育培训机构资源向社区开放、推动全民阅读、推动社区教育和老年教育资源开放共享等。充分体现出学习型社会的终身教育特征。

## 三、教育服务和实现人的主动自我构建

综观古今中外的教育发展历程，在“教育先行”的模式之外，还有“教育后行和教育并行”。①教育后行模式可以看作是教育仅仅是适应经济发展的模式，也就是当经济发展起来之后再去发展教育。在落后的社会环境中教育之所以后行，是因为教育对经济的发展作用比较小，教育只能起教化或愚民的作用，同时也反映了原始社会，奴隶社会和封建社会的经济落后。教育并行模式可以看作教育不仅适应经济的发展，而且保持与经济发展的同步，甚至偶尔超越经济的发展，这明显地说明在大工业生产社会中，教育促进经济及社会发展的作用越来越大。教育先行是联合国教科文组织在《学会生存》的报告中指出的：“教育一般是在经济增长之后发生的。现在，教育在全世界的发展正倾向先于经济的发展，这在人类历史上大概还是第一次。”②在知识经济的基础上构建的学习型社会，已经具备了教育先行的必要性和可能性。从纵向发展看，社会用于教育发展的投资已经适当超越了现有生产力而超前投资；从横向发展看，教育发展要优于社会上其他行业和部门而先行发展。“教育先行”的重要地位的突显是学习型社会发展的一个必不可少的维度。因此，我们所自觉构建的学习型社会，时时处处都为每一个受教育者准备着提供适合其发展需求的各种层次和类型的教育，只要每一个受教育者愿意接受教育和善于学习，学习型社会的教育就会全方位的提供服务以实现个体自我发展。

---

①《教育原理》，柳海民著，东北师范大学出版社，2002年，第485~486页。

②《学会生存——教育世界的今天和明天》，联合国教科文组织国际教育发展委员会编著，华东师范大学比较教育研究所译，上海译文出版社，1979年版，第38页。

学习型社会的构建，从很大程度上来说，是人的自觉活动的结果，在其自身的发展过程中，人的主体性不断得到提升，主体地位确立和主体作用的发挥，处处离不开学习型社会的教育在人的自我构建中所起的作用。在学习型社会研究中所创造出来的一些主体性教育思想，都明确地说明学习型社会的教育是服务和实现人的主动自我构建的活动。如前所述，在学习型社会中，教育比以往在任何一个社会中都更加优先发展，教育比以往任何一个时代都更加尊重学习者的主体性。

学习型社会中受教育者主体地位的确立和对其的充分尊重，处处体现着以人的主体发展需要为中心、满足主体的各种教育需求，从根本上突显出教育是服务和促进人实现主动的自我构建的实践活动，这一点不仅对于创建学习型社会来说非常重要，而且与我们主张的学习型社会坚持从大教育的角度来理解教育也是一致的。它在对传统的“教育等同于学校教育”这一命题的挑战的同时，将家庭和教育与各种形式的社会教育纳入自觉性教育的广泛阵线，增强社会生活各个领域中普遍存在的教育形态的效能；破除把教育理解为一部分人改造另一部分人的“工业隐喻”，从生命生长的角度对教育做出全面阐释。即“教育是作为主体的人在共同的社会生活过程中开发、占有和消化人的发展资源，从而生成特定的、完整的、社会的个人过程。”①

学习型社会强调受教育者应该成为自己教育自己的主人，这是发扬了自然主义的教育精髓。历史上许多自然主义家都曾进行过深刻论述。亚里士多德坚信“每一自然事物生长的目的在于显明其本性”，把教育视为一种以个体、内部发展为依据的自我实现过程。夸美纽斯明确提出“遵循自然”作为教育的总法则。卢梭把教育分为三种，即自然的教育、人的教育和事物的教育。他认为后两种教育在一定程度上可以人为地加以控制，但是只有三种教育相互一致时，儿童才能受到良好的教育。杜威也受卢梭影响，认为只要教育同儿童自身能力所

①《泛教育论》，项贤明著，山西教育出版社，2000年版，第40页。

提供的动机以及他们周围环境所激起的各种需要密切联系，学习就会成为必须的事情。很显然，这些思想更侧重于强调教育的“内发”作用，强化了教育的“外烁”作用。然而社会发展的事实已向我们不断地证明，未来的社会是高度发挥自主性、自由性和创新性而去自觉创造的一个社会，是一个以自觉结构为主的社会。学习型社会是人自觉构建的一个社会样态，因此它在发展过程中遇到的挑战之一就是教育在受教育者发展中的角色。本文开始就提出，学习型社会的教育是一种服务型的教育，因为它为受教育者的生长和生活需要提供基本保障；学习型社会教育也是一种构建型教育，因为它激发人人接受教育的内在动机，促使人实现主动的自我建构。学习型社会的教育既吸收了自然主义教育思想的精髓，又超越了自然主义人性论的基础，而站在现实人的社会性角度来演绎教育，使人认识到自我构建活动在人的主观世界中的重要性。20世纪三维结构反映论认为“思想（头脑中的观念客体）的形式，既受自然界（自在客体）的作用与制约，又受主体自身所构建的心智结构的制约，主体的心智结构在自在客体与观念客体中扮演着选择、过滤和转换角色，主体总是有选择对自在客体做出反应，观念客体的形式是主体内在心智结构顺应和同化自然在客体的结果。”①因此，人们才能在相同的环境下和共同的实践中显示出不同的发展水平。学习型社会的构建过程中，人不仅可以在改造外部世界的过程中，通过教育提供的环境，发展自己的知识、能力和思维模式，而且，人还可以反思自身，通过自我意识将自己既作为主体又作为客体，不断发展这种存在于自我结构中教育的作用，进行适当的理性分析，重新选择适合构建自我主观世界的教育服务资源。鲁洁教授认为，真正体现、实现、完成人的发展还主要是在于人“自身的主客体关系的发展，即只有使内在的主客体关系充分展开，使主体的我与客体的我，在这种内在的实践活动中，使主体的心智结构不断地得到完善、改建、提高，才能实现主体的发展。而这种内在的心智结构的变化与发展也制约着主体与外在客体的

① 《学习型社会的高等教育》，陈廷柱著，南京师范大学出版社，2004年版，第95页。

关系的变化与发展。只有通过主体心智结构不断建构与重构,主体与外在客体相互作用的范围与能力才会得到扩展与提高, 才能对作用对象做出新的解释,从中释放出新的信息。更为重要的是主体才有可能超越作用于他的外部客体的现实规定性,具有创造性和超越性,他才有可能真正成为改造客观世界的实践主体”。①

三维结构的反映论有力地支持了学习型社会教育服务和促进人实现主动的自我建构。学习型社会重视教育过程中受教育者主体地位的确立,认识到教育不是对受教育者施加的外部影响,而是一个在“教育者的指引下使受教育者本人主动地构建他自身心智的过程。”学习型社会,人不再是无奈的被制造者;人是自我成长的主体,有了更多自由发展的权利和空间,有了“成为他自己”的要求和选择。学习型社会的教育更多地为学习者提供不同需求的服务。对学习者而言,教育服务作用的程度、广度、深度要取决于学习者的选择,但学习者首要明确的是所选择的教育应最大限度地服务于促进自我主体的完满构建。这也是学习型社会教育改革的新的增长点所在。

## 第二节 学习型社会学习的特征

康德说:“教育使人成为人。”就是说,教育是使自然人成为社会人的工具。但教育学的研究说明,教育单方面的作用,不可能使教育对象发生任何变化,重要的在于教育对象自身能动性的发挥,没有教育对象自身的努力,就不会有教育对象自身的发展。内因是根本,外因只是条件。教育活动之所以能够发生,根本上在于三个因素:教育者、受教育者(教育对象)、教育内容。教育者的任务是教育受教育者,受教育者的任务是学习,教育内容是二者之间的媒介。没有受教育者的学,教育活动就不会发生;没有教育内容作媒介,教育活动不会发生;没有教育者的教,教育活动也不会发生,但是,学习现象有可能存在。由此可以说,

---

①《教育——人之自我建构的实践活动》,鲁洁,《教育研究》,1998 年,第 9 期。

学习是人成长发展的根本原因，教育通过引发学习活动促进人的成长发展。因此，我们可以说："学习使人成为人。"洛克断言，我们的心灵是一张白纸，上面没有任何记号，没有任何观念，一切观念和记号都来自后天的经验，他说："我们的全部知识是建立在经验上面的；知识归根到底都是导源于经验的。"[①]洛克十分注重人的学习和实践活动，认为人必须通过学习与亲身实践才能成长为社会所需要的人。卢梭认为，人的一切观念都是外面来的，"人对于善并无天赋的认识。"卢梭所谓的"善"就是指人对世界和自身的正确认识。同时卢梭认为人有"自我完善化的能力。"人的这种能力的表现就是学习能力。

先哲的思想说明，学习对于人的发展至关重要，人之为人，在于人有善于学习的大脑以及在大脑支配下的学习能力。学习活动是随着社会历史发展而发展的，由简单学习到复杂学习，由个体学习到群体学习，经历了人类不断进化的历史进程。到了今天，学习的主体、学习的内容、学习的方式方法、学习的目的、学习的意义都已经有了翻天覆地的变化与发展。构建学习型社会已经成为世界各国发展的趋势。当然，人并不是为了学习而学习，康德说："人就是目的本身"。人的学习是为了更美好的生活，人通过学习不断实现对自身的扬弃，通过学习克服异己的存在，从而不断地追求自身的解放和发展。

"知识经济对于学习和教育的重视和强调，将大大超出人们现有观念中对其重要性的认识。"[②]学习的革命，作为从工业时代向知识经济时代的历史转折，其实质是针对学习者自我的革命。它同教育改革一样，既是学习型社会的基础，也是学习型社会的主要特征。因为教育和学习作为人类历史的继承机制，要实现人的总体与个体、社会与个人由于相互作用、相互占有而得以全面加速发展。"教育和学习同属于人类的反身实践，其意义又是在自然人化的基础上进一步造成自然的个性化"。[③]

①《人类理解论》，[英]洛克著，关文运译，商务印书馆，1959年版，第366页。

②《教育资本》，张忠元等主编，中国时代经济出版社，2002年版，第3页。

③《教育哲学对话》，陈建翔，桑新民著，河北教育出版社，1996年版，第273页。

“当前教育国际对学习不厌其烦的再三强调，可以看作是一种新的生成教育观的先声。”[①]学习型社会中，教育和学习是从两个相对的方向共同阐释的，说明了“人自身的发展”这一历史终极目的的实现途径。教育是站在人类总体（历史性社会）的角度，讲人类社会如何影响和规定个体（现实性个人），给个体赋予总体的普遍性本质结构；教育的对象是个体，教育的行为倾向指向个体，它通过个体而达到总体。学习则是站在人类个体（现实性个人）的角度，讲个体如何掌握和突破总体，使总体获得个体的多样性动力源泉，是作为总体本质表现的人化自然，学习的行为倾向指向总体，它通过总体而回归个体。两者在本质上是互相包含、互为前提的，它们要在对方身上完成自身的概念，达到自身的目的。所以，我们可以把教育看成是一项社会学习工程，把学习理解为个体的自我教育活动。“没有学习的教育，是独断的强制；没有教育的学习，只能是盲目的试误。”[②]只有教育和学习互动统一，才能更好地形成人类发展与个体发展的耦合互动体系。

在人类社会迈入知识经济以后，整个社会的发展速度明显加快，飞速地经历着一场新的革命，我们的思想和生活被强烈地改变着。几乎世界上每一个问题都正在或已经在世界的某个地方得到解决，“我们所具的存储世界上所有信息的能力，并且几乎可以使地球上差不多任何以任何方式即刻获得这些信息”，[③]这促使我们感到现在几乎一切都成为可能。全球化的政治、经济、文化和教育的巨大变化促使“我们需要一场学习革命，与技术、知识和通讯爆炸相应”，“我们需要一场终生学习革命，让所有人分享巨大潜力时代的果实”。[④]因为“未来惟一持久的优势是有能力比你竞争的对手学得更快。”[⑤] 1998 年，珍妮特·沃斯和戈登·德莱顿合著了《学习的革命——通向 21 世纪的个人护照》一书把藏

---

①《泛教育论》，项贤明著，山西教育出版社，2000 年版，第 174 页。

②《教育哲学对话》，陈建翔，桑新民著，河北教育出版社，1996 年版，第 272 页。

③④《学习的革命》，［美］珍妮特·沃斯，［新西兰］戈登·德莱顿著，顾瑞荣、陈林、许静译，上海三联书店，1998 年版第 9 页。

⑤《第五项修炼》，［美］彼得·圣吉著，孙进隆译，上海三联书店，1998 年版，扉页。

于一些人的头脑中的朦胧思想跃然呈现在现实中，学习这个人类文明的继承，传递和创新的支柱已经开始了自身的变革和重建，在以知识经济和信息技术为基础的学习型社会构建和发展中，形成了一些新的特征，并发挥着重要作用。

## 一、学习成为人的一种生存方式

以知识经济为基础的学习型社会是一个比以往任何社会都需要学习的社会，更确切地说是一个学会学习的社会。著名的学习型社会研究理论家唐纳德·斯科恩(Donald Schon)的有关学习型社会研究的著作《超越固定状态:变化社会中的公众与个人的学习》中所进行的研究试图使人们相信，将学习放在中心地位是走向繁荣富强的唯一途径。他认为，传统社会人们深信固定不变的秩序能抵御变化的威胁，在一个秩序化世界，我们知道自己是谁，我们的角色是什么，我们应该怎么做。但是现代科学技术改变了社会稳定状态的功能，无法预测的变化在削弱愈合稳定传统的可能性，稳定的、有形角色的意识将不复存在，不确定性笼罩在我们的生存空间。唐纳德·斯科恩告诉我们必须学会生活在"超越固定状态"之中。因此，我们必须善于学习，并且要发现与发展一种能够引起自身持续变化的"学习体系"，使自己成功地应对学习型社会不断变化的需求，学习已逐步成为人的一种生存方式。正如《学会生存———教育世界的今天和明天》中所言:"人永远不会变成一个完人，他的生存是一个无止境的完善过程和学习过程……为了求生存和求发展，他不得不继续学习。"①

现代社会发展的新变化已经使人类在学校以外的各种活动中进行广泛自觉的学习，与人的生存息息相关。首先，社会变化的速率的不断加大。"托夫勒所说的'未来的冲击'就是指人们对社会加速变化缺乏足够的认识和应变的准备而产生的生理、心理和行为上的强烈不适"。②其次，它迫使人们必须不断自觉学

① 《学会生存——教育世界的今天和明天》，联合国教科文组织国际教育发展委员会编著，华东师范大学比较教育研究所译，教育科学出版社，1996 年，第 196 页。

② 《社会认识进化论》，李勇著，武汉大学出版社，2002 年版，第 285~286 页。

习才能保持生活观念与现实生活之间的平衡,适应社会生活的变化。而“未来的冲击是一种时间现象,是社会速度急剧加快后的产物。”[①]它在时间与空间、现实与理想之间所引发的各种变化呈现出的更多复杂性,迫使人们必须不断自觉地学习以更新自己的知识结构,“在新的历史条件下探寻人与社会之间的合理关系,通过学习强化对社会自我认识的自觉达到合理的规范社会。”[②]第三,信息传播手段的迅速改善,为人们社会生活中自觉地吸收和同化各方面知识提供了物质条件。第四,人类交往活动在全球范围内的日益活跃和闲暇时间的相对增多,激发了人们在学校以外自觉接受教育和学习的内在动机;第五,现代社会的结构和功能在分化的同时又出现新的整合倾向,社会各子系统在运行过程中日益自觉地追求协同和耦合,从而在社会运行机制上提出了学习社会化的要求。

在传统社会,把人的一生分成两个阶段,早期阶段用来接受教育、进行学习,后期阶段从事工作。在漫长的、稳定的传统社会中这种划分是有效的。因为在人的一生过程中,社会世界的现象和性质几乎没有什么不同,而且大多数人都能在生命的早期阶段所获得的足够知识来进行一生的发展。但是,在发展变化迅速的学习型社会生活中,机械地、人为地把一生分成接受教育和学习与工作这两个阶段就不合时宜了。学习型社会不仅对以学校教育为主的阶段式学习提出挑战,而且对广泛存在的潜性教育资源的学习要求有一个革命性的转变。更多的人为了不被学习型社会的新变化所淘汰,为了能够生活和生活的好一些,就要积极、主动、自觉地在学校,家庭,社区,工作单位和一些公共场所进行学习,对越来越多的人来说,有必要也有可能使学习成为了他们的一种生存策略和生活方式。正如我国较早研究学习型社会理论的张声雄教授所认为的,“传统社会把学习看作是为了谋生,学习是为了找到一份好工作,有的人的学习是

①《社会认识进化论》,李勇著,武汉大学出版社,2002 年版,第 285~286 页。

②《未来的冲击》,[美]阿尔温·托夫勒著,秦麟征等译,贵州人民出版社,1985 年版,第 14 页。

屈服于社会的某钟压力。学习型社会的理念则认为学习是一种兴趣盎然的活动，学习已成为现代人的一种生活方式。”①

学习型社会的学习成为个体的生存方式，是对以往社会把学习单纯地作为一种工具或手段的否定。学习型社会是一个以知识为主要资源的社会，学习知识越来越为人们所看重，学习知识的功利化思想还存在于一些人中，学习自然而然地成为学习者出于某种目的的一时一刻的学习，从根本上说，学习不是完全出于学习者主动地、自愿地以服务于自我完善发展所需，而是仅仅视为达到某种一时的目的或手段，把学习游离于学习者生命之外的一种活动。这种思想不是学习型社会学习的思想，而是要坚决抵制的思想。学习型社会对学习更多的是与学习者生命完美发展紧密相联，它是学习者个人完美自我构建的重要途径之一，与学习者的生存发展紧密不可分，是学习个体的生存行为。学习型社会处于不断变化之中，人的主动性、自主性和创新性有了前所未有的提高。社会创造的各种财富在满足人们不同层次需求的时候，让人们更多地感受到如何进行高质量的生活，如何适应甚至是超前于这种快速变化的社会，是关系到自身生存的重要问题。一场“学习的革命”使越来越多的人认识到学习对自身生存的重要性，这种学习是一种持续不断地学习，是与人们的生活和生存紧密相联的。人只有通过这样的学习，才能在学习型社会中确立真正的主体地位，才能通过人类总体或者说反映总体本质力量的社会文化、文明，回归学习者个体，从而扬弃自己的孤立性和片面性，在自然化的基础上充分构建完满自我，解决“人自身的发展”问题。

学习型社会的学习既是个体的行为，也是社会组织的行为。在发展较为稳定的传统社会，个体的需要和组织的职能相对单一，学习行为一般都在学校内进行并完成，在学校之外的学习活动很少发生。而在发展快速变化的学习型社会，学校的学习只是人类学习活动的一个主要内容，更多的学习要依靠学校之

①《创建中国特色的学习型社会》，张声雄，徐韵发主编，江西人民出版社，2003年版，第29页。

外的大量实践,要在学校与社会的各种组织重新组织成新的组织以及社会自身独立的各种组织中进行。在知识日益成为生产资源和组织管理核心的同时,学习也成为基本的组织原则。学习型城市、学习型企业、学习型社区、学习型家庭等新型组织的转变,既再现了社会的教育功能,也有助于形成全社会的学习风尚,真正实现一个“会学习”的社会,这也是学习型社会持续发展所需的新型生产力的要素。对学习型社会发展而言,学习是“动态的技术,是鲜活的知识,是生生不息的超前的创造力。没有学习要素的生产力,是一个静态的注重‘存量’的概念, 难以适应当前世界竞争和发展的需要, 更难以掌握竞争和发展的主动权。”[①]学习在人自身发展过程中产生的变革将进入社会这个大环境并产生革命性变革,成为推动社会进步的强大动力。也因为这样,“我们每个人都可获得人类所有的知识、智慧和美的遗传。这样的时代在人类历史中是首次出现的”。[②]能够使学习成为个体的一种生存方式,就需要个体具备良好的学习力,进而学习力成为了学习型社会中个体所应拥有的最本质最核心的能力。

## 二、学习主体的全民化

学习型社会中谁是学习的主体？少数在校的学生吗？接受专门化学历教育的受教育者吗？学习型社会的学习主体不仅仅局限于此,学习不只是在校青少年学生的专利,学习者是所有的公民,因此学习主体是全民。学习型社会尤其要将成年人纳入再学习的群体之中。传统的学校本位学习,未能达到人人进入学校学习的格局,只是部分人的学习。学习型社会则不同,它使得人人都可以随时随地开展学习,人们活到老学到老。在学习型社会,人人享有同等的学习权利,人人都是学习主体,也就是说学习的主体是全民性的。人人都有学习的需求,除了适龄青少年按照教育的标准和要求需要学习之外,走向工作岗位的成年人也

①《新教育:为学习服务》,陈建翔,王松涛著,教育科学出版社,2002 年版,第 10 页。

②《学习的革命》,[美]珍妮特·沃斯,[新西兰]戈登·德莱顿著,顾瑞荣、陈林、许静译,上海三联书店,1998 年版,第 6 页。

需要按照岗位技术更新的标准而开展学习，即使是岗位工作退休以后的老年人为了能够适应信息化社会的需求而需要学习新的生存本领。人人都有学习的能力，不是只有处于成长期的青少年才有学习能力的，每一阶段的个体都有学习能力，只不过他们的学习能力会有差异而已。人永远都处于一种未完成的状态，永远都需要学习。

尤其是当前信息化社会背景下，数字化的媒介更加促进学习主体全民化的实现。学习不再是学校场域中才会有的一种活动，学习是融入到每一个个体的日常生活中的一项活动。各种数字设备可以为每一年龄段、每一职业人提供学习平台和机会，人人都是学习主体，而且人人都有学习的主动性和积极性。借助数字化资源平台，每一个个体都可以构筑自己的图书馆，因为一切都是电子的，一切都可以根据自身的兴趣和发展需要来整合资源。受数字化媒介迅猛发展的影响，世界各国公民数字化阅读方式数量不断增长，利用手机、平板电脑、电子阅读器等多渠道阅读呈明显增长态势。数字化媒介使个体阅读覆盖面不断扩展，人人都可以阅读学习。

## 三、学习方式的多样性和开放性

学习型社会是一个持续变化的社会，知识是社会领域中最活跃、最具有决定意义的因素，它既给每一个人的发展带来了不可求的机遇，也带来了对每一个人生存的挑战，它从根本上改变着每一个人的生存方式，改变着人类社会的未来。正如拉伯雷在《巨人传》里所阐述的把人培养成“博学的人”“全知全能的人”[①]的主张，他相信人类可以用科学文化知识把自己武装成巨人，而这样的巨人能够创造光明美好的未来。在学习型社会，知识已成为一种没有地域限制的、世界性的、开放的知识，同时它也形成了一种以往任何社会所不具有的融合力和整体感。对每一个人来说，如何既能把握好对宏观世界的认识，又能清醒认识

①《巨人传》，第2部，[法]拉伯雷著，鲍文蔚译，人民文学出版社，1981年版，第8章。

自我和发展自我，就需要通过不同的学习方式来多角度、多层面地认识这个社会。因为“信息技术会使学习成为一种各取所需的过程。任何一个学习者都可以享用量体裁衣式的教育，按自己的需要和速度学习。”[①]学习型社会的教育与生活紧密结合，也从根本上把学习和社会生活密切地融合在一起，生活寓教育，工作即学习，学习自然融入了日常工作的每一个过程，成为工作和生活的一个有机组成部分，学习成为多数人的一种自觉的发展需要和生存方式。

作为社会发展的主体，在自主性不断增强的前提下，在社会的巨大变化发展中，越来越需要人们根据社会发展和个人需求来选择合适的学习方式武装自己。而在工业社会，知识发展和积累的速度比较慢，科学结构变化不大，社会分工机械地把学习和工作截然分开。学习活动的主要场所仅仅限于学校之内，学习活动的时间又主要限制在青少年这一范围内，学习内容比较有限，创生性、可迁移性差，知识对个体和社会发展的未来功能不突出；学习局限于已有的、既定的社会发展框架和知识有限性之中，导致学习者只有按部就班地接受、学习书本知识与技能，在分工的要求下成为生产所需的“标准”人才。对他们来说，任何选择都是不可能实现的，学习也成为游离于学习者之外的标准化活动，学习者没有从根本上享受“学习是快乐的事情。”学习型社会学习正在恢复它应有的全部丰富性。知识爆炸，信息技术发达，社会生活丰富性和多样性，不仅无限扩大了学习内容，历史的、现实的和未来的，学校的、社会的和生活的所有知识都成为学习的内容，它超越了知识积累的某些固定程序或阶段，超越了传统学校学习方式的单一化而实现了在不同环境中学习的多样化，其中网络和信息技术的发展为多样化的学习方式提供了可能。“学习者必须改变传统的学习方式，强化学习中的知识建构，实现由‘活动为中心’(Activity - Centered)向‘思想为中心’(Idea - Centered)的根本转变，由脱离情境的‘单一性学习’向集体知识的‘协作构建’和‘交互性学习’的重心转移。”[②]学习者既可以在学校的课堂上进行学习，

①《新教育：为学习服务》，陈建翔，王松涛著，教育科学出版社，2002年版，第69页。

②《虚拟化学习与学习型社会的建设》，程艳、赵沙鸥、苗永春，《江西社会科学》，2013(11)，第248~251页。

也可以在其他各种学习组织(机构)进行学习:既可以以读书的方式进行学习,也可以以上网查询信息的方式进行学习;既可以通过参加智力游戏比赛进行学习,也可以通过参加体育比赛进行学习,等等。学习型社会通过自己独特的社会资源为每一个人提供时时学习、处处学习的机会,尽可能地发挥每一个人学习的潜能并按合适的学习方式获得自己所需的知识。学习方式多样化的另一个前提条件是学习者主体地位的真正确立。人类历史上第一次产生了学习者“自主学习”。一般认为,“自主学习是指学习者自己主宰自己的学习,是与以往社会的他主学习相对的一种学习方式”,[①]它包括对自己的学习活动的事先计划和安排,对自己实际学习活动的监察、评价和反馈,对自己的学习活动进行调节、修正和控制这三个方面。自主学习区别与他主学习的显著特征表现为“主体的能动性;自我调节性;相对独立性(在摆脱依赖和被动的局面而进行独立学习活动);结果有效性。”[②]自主学习更强调学习主体在学习活动过程中的主动性和建构性,因此,对每一个学习者来说,他们不再厌学弃学,视学习为畏途,与学习为敌或否定自己,而是积极主动地对自己的学习全面负责。从自身的特定需要和条件出发选择合适自己的教育和学习方式,把学习作为自己的一种生存方式。对每一个人来说,学习不再仅仅是他们适应未来的某个工作,而是为了适应未来的事情,为学习而学习,不断地选择不同的学习方式进行不同的学习,因为每一个人的发展都是不相同的,而同一个人不同生命阶段的发展也是不相同的。因此,学习方式的多样化的广泛存在是学习型社会发展的需要,也是社会主体人不断满足自我发展的产物。通过不同的学习方式获得不同人生的知识和生活体验、在学习中做人、在做人中学习。学习型社会使每一个人都认识到,唯有学习,才会生活在未来,如果今天你不学习,那么明天你将生活在过去。

学习型社会从各个方面为个体的学习提供广泛的服务,它在整个社会环境

---

① 《学习型社会》,连玉明著,中国时代经济出版社,2004年版,第462页。

② 同上,第463页。

中都倡导学习，促进了学习观的革命。在传统社会的学校学习过程中，有限的学习资源和学习环境已经决定了学习者进行的往往是集体形式的学习，学校环境相对来说是一个独立、封闭的场所，学生之间拥有着同一种文化氛围和人文关系，因此他们之间的交往内容和方式基本上是相似的，学校以外的环境的影响对他们来说是少而又少，每个学生都忙于在有限空间内“孤立”而盲目地学习，大部分学生的主体性就在这样的环境中缺失了。以往社会把学习场所拘泥于学校，忽视了其他社会组织的学习环境和资源。学习型社会把学习的场所充分扩大，家庭、社区、企业、政府以及社会的各个领域，使这些学习场所与学校学习紧密结合，在满足个体学习过程时，充分发挥社会学习的资源，使学习向社会延伸，一方面满足个体发展，另一方面从整体上推进社会学习力的提高。在这个过程中，学习者从狭窄的环境中走出来，融入社会大环境，发挥主体能动性，自由地进行开放式的学习。

学习型社会教育的终生化和学习方式的开放性，使学习主体找回了自己，并在不断创新的学习环境中确立了主体地位，社会实践为他们添补了学校学习的不足，增加了广泛的群体学习的内容和方式，克服了个体学习的有限性。

学习型社会中的各种学习组织是学习者从学校学习转向社会学习最有意义的场所。在这样广泛的群体学习中，每一个学习者都是自己行为的主体，每一个学习者把单个的个体行为转变为社会行为，把个人选择、对个人的评价尺度和对社会的认同以及认同的程度联系在一起，加速了学校文化和社会文化的融合。这些学习组织拓宽了学校学习的深度和广度，培养了学习者的创新能力和团结意识，激励成员之间、组织之间知识共享，促进个人和社会的共同进步，最终形成学习型社会的健康学习氛围。“因为我们生活在其中的世界正在以比我们的学习快四倍的速度变化着”。[①]所以我们要时时学习、处处学习。正如美国快速学习先驱查尔斯·西米德曾经说的，学习型社会“完全可能在任何地方使学习

①《学习的革命》，[美]珍妮特·沃斯，[新西兰]戈登·德莱顿著，顾瑞英、陈林、许静译，上海三联书店，1998年版，第72页。

过程加快5至20倍。”

此外,非正式学习成为学习型社会人们开展学习的一种重要方式。所谓非正式学习是一种不同于传统的封闭在教室里进行的有组织有计划的学习活动,而是在日常生活实践中。正如有研究者所指出,“非正式学习则蕴涵于日常生活之中,与结构性的教学距离较远。”[①]具体来说,非正式学习也可以有很多种表现形式,比如基于移动互联网的非正式学习、基于场馆参观的非正式学习、基于现场比赛的非正式学习、基于社区交往的非正式学习、基于社会媒体的非正式学习,等等。尤其是今天这样一个信息化社会的时代下,信息化手段和平台能够推动非正式学习的实现。比如,当前很多微信小程序和手机APP拥有很便捷的学习功能,我们可以在等公交、候机、排队等过程中随时随处实现学习。

## 四、学习时间的终身化

赫钦斯在他的经典著作《学习型社会》(1968年)中,用历史的眼光反观时代,看到社会的发展正在走向一个新的解放、快速发展的时代,未来社会中的人将有可能从过去繁杂的劳动中部分地解脱出来,由此拥有更多的闲暇时间,这为人的精神世界的追求提供了可能,也向社会提出了更多的发展教育与学习方面的需求。赫钦斯坚信,学习型社会是可能的,也是必须的。他进一步指出,学习型社会不仅仅有丰富的教育机会,以帮助全体社会成员包括成人在有限的生命中持续不断地学习,而且学习更是学习型社会的核心理念,是持续一生的学习,人人都应当和必须通过持续的学习来实现“人生的真正价值”。赫钦斯在提出“学习型社会”这一术语时也强调了“持续一生的学习”在“学习型社会”发展中的重要位置。这一基调也奠定了终身学习的客观存在的必然性,它是学习型社会发展的基本条件,也是学习型社会的重要特征。

终身学习从它的提出和发展来说,是与学习型社会的发展密切相联的。学

---

①《“非正式学习”论纲》,赵蒙成,《比较教育研究》,2008(10),第51~54。

习型社会知识的爆炸性发展，知识不断地更新、老化，而且速度极快。以计算机、通讯及网络为代表的现代信息技术，给人们的学习方式带来了不可想象的变化。知识依靠这些技术载体可以突破时间和空间的限制，进行广泛的传播、积累和应用。新知识的大量出现与旧知识的迅速更新，打破了过去人们企图一劳永逸的想法。新技术引起人类生活的变化也是人们始料不及的，技术的发展与应用，使越来越多的人从繁忙的工作和家庭生活中解脱出来，人们有更多的闲暇时间来做自己感兴趣的事。但这种选择过程并不容易。朗格朗在他著的《终身教育导论》中说"对世界广大居民生活条件产生决定性影响的另一个因素，是闲暇时间的增多。……就闲暇的现代形式、范围、内容来说它是大工业社会的产物。"[①]在工业化社会中，不同阶层的人所获得的闲暇时间是不尽相同的，而且也不能享有平等的闲暇时间，甚至会出现"一些人的自由直接影响另一些人的自由"或一些人的自由以另一些人的劳动为基础的现象。不管这种情况是怎样的不平等，越来越多的人还是在以不同的方式利用时间，但是由于受个人和社会发展的限制，多数人还不能合理地利用这一部分时间。而在学习型社会中，知识经济和信息技术的发展为社会提供了巨大的物质财富和多种发展条件，这不仅使多数人获得充足的闲暇时间成为可能，而且也为他们能够合理利用闲暇时间提供了条件。但是，随之而来的问题是，主体选择权力越大往往也是进行选择越难的时候，这时，就需要社会自觉结构克服个体选择的片面性，为个体的发展进行有力的指导和引导，教育和学习的发展就成为个人体自觉提高自主性与主体性的主要途径。教育从人类整体的角度出发有效地整合各种社会资源以扩大个体选择的广度，学习从个体角度出发选择有效资源以合理利用自己的闲暇时间，最终使自己适应这一社会发展的需要。

学习型社会中，知识增长迅速，生产和生活持续变化的发展，闲暇时间的增多，迫使人不得不克服学习与娱乐的矛盾。更重要的是社会工作领域的变化，许

---

①《终身教育导论》，[法]保罗·朗格让著，滕星等译，华夏出版社，1988 年版，第 27 页。

多工种悄然消失了,代之而起的是新的工种,一个人指望终生只从事一种一成不变的工作的想法不再存在,而是必须随时准备更换新工作,或是随时调整自己以适应工种的不断升级或更新。为此需要根据各种情况的变化不断地重新学习新的工作技能或新知识,以适应新的或更高发展水平与要求的工作。所以对多数人来说,那种工业社会的一次性学习就够用一生的思想,已远远不能让每个人适应学习型社会的生活和发展。更新旧的学习观念,确立持续学习、终身学习,才能使自己顺应或者推动社会发展。“心理学研究中的发现表明:人是一种未完成的生命存在,它只有通过不断地学习才能完善自身。”①对人的一生来说,一次学习是不够的,再次的学习也不是最好的,终身学习是生存之需和发展之需。因此说,工业社会的阶段性学习既不符合人的自然发展的特点,也不符合社会发展的趋势。美国商业顾问汤姆·彼得斯(Tom Peters)在《解放管理》中,他给了学生们这样的忠告:“教育并不以你获得的最后一张文凭而中止,终身学习在一个以知识为基础的社会里是绝对必需的”。一些神经解剖学教授从对人的大脑生理研究中也得出结论,认为人从出生到生命终止,人的大脑可以适应不断地学习。因而学习型社会所强调和倡导的终生学习,既符合人的自然生命规律,也符合社会对人的发展要求,把学习、工作和生活必然地结合起来,终身学习成为了多数人的一种生存方式,随时学,随地学,活到老,学到老。

学习型社会构建的过程,不仅仅是终身学习理念完善的过程,也是终生学习从理念到实践的转化过程,即是要通过利用各种社会资源,在个体自觉学习实践活动的基础上,形成一个全民终生学习的社会,从根本上保证人人都有终身学习的机会。在1994年“首届终身学习会议”提出“终身学习是21世纪的生存概念”这一响亮口号之后,终身学习就在一些国家构建学习型社会的进程中得到了发展,并在社会发展中起着重要作用。瑞典是世界上开始创建学习型社会最早的国家之一,在30年前就完成了九年义务教育。瑞典构建终身学习的重

---

① Edgar Faure, et al, *Learning to Be*, UNESCO Paris, p.143., 1972.

要举措是政府建立了一整套立法保障机制。在瑞典,任何一种形式的民众学习活动一经出现,瑞典议会即抓紧为其立法。从20世纪60年代开始,已经通过了《民众教育法》《学习小组法》《市立成人教育法》等。美国在创建学习型社会的过程中,主要大力开展"开办社区学院"和"开展多样化的成人学习活动"两项活动,旨在传统的学校教育和成人教育之外开拓更多新的学习途径,推动美国步入学习型社会。英国积极支持"经济合作组织"在1992年提出的"学习型城市"的概念,于1998年发表绿皮书提出了"学习型时代",开展了一系列的活动:在因特网支持下的"产业大学"的建立,实现面向全国开放和远距离学习;"学习中心"是产业大学下属分布广泛的学习网络,按照产业大学的六项活动要求为学习者提供服务;"学习与技能委员会"是与产业大学相配套的一个非政府的公共教育机构,主要与地方教育局合作开发成人和社区的终生学习;"个人学习帐户"是英国政府创建学习型社会计划中的一项重要内容。建立"个人学习账户",是终身学习的发展方向,它使人们第一次以利益机制来计划和管理自己的学习。日本在20世纪90年代初开始的学习型社会创建工作已经取得了显著成绩。日本的大坂市制定了《大坂市终身学习学习规划(1991—2005)》,其基本目标是要创建一个让市民在任何时候、任何地方都能够进行终身学习的城市,创建具有人情味的丰富的社会,促进人的自我实现。

基于终身学习的这种发展可以认为,终身学习同终身教育一样,都是学习型社会的基石。在学习型社会,人人实现终生学习也是一个有条件的、循序渐进的过程。对部分人来说,只要提供合适的学习环境和方法,准备好必要的学习材料,在适当的时候将适宜的问题显现给他们,这种自觉的学习会顺利进行。然而对大部分人来说,学习什么、怎么学还是需要别人来帮助决定的,这就需要看社会的发展状况和每个人的主体性发挥的程度。

## 五、学习平台及制度的协同化

多种学习平台协同,为个体学习权利的享受和学习机会的获得提供了保障。具体来说,从正规教育到非正规教育或非正式教育等多种学习平台共同为个体随时随地的学习实现提供支撑。

线上学习平台与线下学习平台协同。随着信息技术的发展,在线学习平台的建设越来越多,推动了社会上各类人员的学习。以英语学习为例,连难度较大的口语学习都可以通过手机APP来进行,还有很多利用电脑上的软件进行语言能力的训练。当然,单纯的线上学习平台可能缺乏面对面人与人交流的情感性,所以线下学习平台与线上学习平台协同支撑个体的学习。

此外,工作场所是学习型社会的重要平台。学习型社会中人的学习不再仅仅局限在学校教育之中,而是拓展到了个体生活以及工作之中,尤其是工作场所学习成为学习型社会学习的一个重要特征。工作场所学习是一种在员工工作的现场所开展的经验传递和技能成长的活动或过程,工作场所学习本身也是企业人力资源开发的一个重要途径,是个人、组织和社会可持续性发展的必要保障,是学习型社会的一个重要标志,是学习型社会中个体学习的一个重要特征。"工作场所学习作为一种非正式学习,其情境性、学习方式的灵活性、以及循序渐进的学习过程等特点正好迎合了成人的学习特征。"[①]工作场所学习不受时间和地点的限制,在工作现场随处随时可以实现学习,工作场所本身蕴藏着丰富的学习资源和学习机会。

学习型社会在服务人终身学习上拥有顺畅的制度。目前,欧美一些国家在构建学习型社会中建立了学分银行制度,这体现出学习型社会的学习制度优越性。如韩国已建立学分银行制,旨在认证学习者的各种校内外学习经历,并根据《学分认证法》认定学习者先前学习的教育体系,当学习者的学分累积到某个特定标准时,就可以获得学位,通过这一制度从而创造一个开放的、终身学习的社会。目前我国在积极构建学分银行制度,试图实现学历教育与非学历教育之间

①《学习型社会视野下成人工作场所学习研究》,刘卫萍、林瑞华,《河北大学学报(哲学社会科学版)》,2015年第2期,145~148页。

的横向沟通、不同层次学历教育之间的纵向衔接。

## 第三节 人的发展目标实现的条件

人的发展始终是学习型社会发展的核心和目标,学习型社会的发展和人的发展是相辅相成、合二为一、互动促进的过程。学习型社会是以终身教育和终身学习为重要特征的社会,其本质是社会成员通过自觉的教育和学习,“使个人和环境在各个发展阶段达到日益和谐的与积极的统一”,①从而实现社会和人的和谐发展的目标。

学习型社会是在社会发展主体对社会发展趋势的充分认识和对自身发展的理性分析基础上,主动自觉地参与教育和学习活动,不断寻求社会发展和人的发展理想成功统一的社会。马克思以人道伦理路径为转折,以唯物史观为起点,强调了实践的观点,认为世界在本质上就是人的实践活动,“人的本质不是单个人所固有的抽象物,在其现实性上,它是一切社会关系的总和”。②马克思和恩格斯从“现实的人”出发展开了唯物史观的全部观点,也正是以现实的个人也就是从事物质生产活动或劳动的人作为唯物史观的逻辑起点,才使人的发展诉求有了现实基础和可能空间。在漫长的农业社会,以人的依赖关系为特征,人以自身为目的而以自然为手段的生产占主导地位, 以血缘和宗法关系为纽带,人类在总体上还直接受自然规律所决定。在大工业社会时期,以物的依赖关系为特征,人在物质生产起主导作用,并确立了人的主体地位。但人类主体创造的物质力量颠倒地成为奴役和统治人的主导性的非主体的客观外部力量,是以对抗性经济为基础的表现形式,分工不是由于自愿而是自发的,是对抗性分工,它相对于史前期创造了强大的生产力,马克思说它所创造的生产力比过去世世代代的生产力总和还要大,但人类主体独立性又被一种新的非自主性的外在必然性

① 《学会生存——教育世界的今天和明天》,联合国教科文组织国际教育发展委员会编著,华东师范大学比较教育研究所译,上海译文出版社,1979 年版,第 38 页。

② 《马克思恩格斯选集》(第 1 卷),中央编译局编译,人民出版社,1972 年版,第 56 页。

所强制(物役性)。工业经济的盲目性必然被人们自觉调节的有计划的新兴经济所代替,这就是知识经济。知识经济要求人类去为生活而生产,从而去发展社会生产力,去创造生产的物质条件;也要求人类为自己的生存负责,去合理、自觉地构建一个社会,以个人发展为基本原则的社会。同时我们也确认,人的发展是一个社会历史过程。因此,这必然成为社会历史发展尺度。

马克思指出,人的本质是一切社会关系的总和。现实的生产过程一方面产生了人与自然的关系,另一方面产生了人与人的关系,社会关系首先是生产关系,只有建立了与自然的物质生产关系,然后才能有所谓的政治、法律、文化等关系。"生产关系总和起来就构成为所谓社会关系,构成为社会。"生产关系是物质生产的生成,个人又生活于社会关系中,而且这完全是自己物质实践的产物。因此一个人与社会互为前提,相互生成,彼此联系而发展。随着社会的发展和交往的扩大,个人将突破狭隘的地域性局限,发展为世界历史性的个人,成为世界历史性生存。当生产力极大发展,社会物质财富极大丰富的基础形成之时,个人与社会就获得共同发展的前提条件。以发达的知识经济为基础的学习型社会,它的发展既为个人发展提供条件,同时也受其发展水平的限定和规范,它体现着了个人发展与社会发展的和谐统一。知识经济使学习型社会的物质生产领域获得极大发展,提高了物质生产水平,这是一个历史过程,因此,个人的发展程序也就获得了历史性的根源。

历史的每一次进步都在一定程度上解放和发展着人类。人的发展的程度也与社会发展程度相适应,这种适应不是自发的而是自觉的。因为"社会生产力和经济文化发展水平是逐步提高、永无止境的历史过程,人的全面发展程度也是逐步提高和无止境的历史过程。这两个历史过程应相互结合、相互促进地向前发展。"[①]当人类认识由自发走向自觉,就使其获得了发展的目的性。学习型社会中人们实践着终身教育和终身学习向这一目的性迈进得不断努力,这种发展状

①《在庆祝中国共产党成立八十周年大会上的讲话》,《人民日报》,2001年7月2日第1版。

况既有外在的推力和引导机制，也有内在的驱策力，而且在其中，客观性尺度与主体性人的发展相互作用。在工业社会发展中，人日益依赖于一定的、极其片面的、机器般的劳动，呈现出人的片面发展，从而与生活的全面性相背离。但随着新社会形态的出现，以知识经济为主要基础的生产力的发展，迫使人们不断地随着社会要求的变化而改变自己的生存发展状况，社会变化快已成为客观事实。在这个过程中，社会主体人的自主性、自觉性和创新性也得到了提升和发展，越来越感到自身的发展在这个新社会中的重要作用及对人类自身发展的意义。学习型社会就是顺应这一历史变化进程必然出现的一个新的社会形态，它为人的发展理想目标提供了现实的基础和条件。正如英国劳动党在其代表文献《敞开迈向学习型社会之门》中的深刻认识："经济、技术和文化整体的变化使我们有机会建构一个真正的学习型社会——所有个体作为文明、繁荣、充满爱心的社区积极公民均能实现自身潜力的社会。"①

## 一、以发达的经济为充分条件

学习型社会的主体经济形态是知识经济，它是人类经济活动发展到现代化的复杂阶段的表现，也是继上一次产业升级后的又一次世界性的经济增长方式的变革。它是较以往社会更为发达的经济形态。知识经济依靠的是人类最复杂的功能——人的智慧来进行创新和发展的，"它是以知识智力资源的占有、配置，以科学技术为主的知识的生产、分配和消费(使用)为最重要因素的经济"②。在知识经济活动中，高科技使人的智慧实在化，通过科技创新创造出的凝结着人类智慧的产品，经由信息技术向外辐射和推广，为更广阔范围内的人群所学习和掌握，因此，信息技术是传播人的智慧产品的最佳手段。知识作为人类智慧的结晶，既是知识经济的原材料，也是要通过高科技不断创新的产品，经过人的自觉加工，又孵化成为新一代知识。对于人来讲，既是知识的拥有者，也是知识

① 参见 *Towards the Learning Society*, Ranson, Stewart., London: Cassell Educational, 1994, 第 133~142 页。

②《知识经济：第三次经济革命》，刘磊等编，中国大地出版社，1998 年版，第 7 页。

的生产者和创造者，人在知识经济发展中的重要地位既是社会发展的必然取向，也是人自身发展的必然要求。

在社会发展的不同历史阶段中，人的发展在不同方面、不同程度上都受到了限制，甚至造成人的片面、畸形发展。农业社会为了解决温饱问题，满足能够生活的需要而进行着第一个历史活动——“生产物质生活本身”，这是“一切历史的基本条件”，这是由人的“肉体组织决定的”，即人的自然属性需要大于人的社会属性需要，处于该阶段的经济形态的发展也仅能满足人的基本生活需要。但是，既定的经济发展水平决定和限制了人的多种需求层次，在当时条件下，人们不可能超越该经济状态而产生出更多的其他需要。但物质需要的满足并不是人类的最终目的，因为“已经得到满足的第一需要本身，满足需要的活动和已经获得的为满足需要用的工具又引起新的需要。”[①]机器化大生产的出现、工业化社会的到来，又为人的新需要提供了满足的可能。工业社会机器化大生产迅速提高的社会生产力，积累了较农业社会丰裕得多的物质财富，大机器生产代替了手工作坊，极大地提高了劳动生产率，这样就有一部分人从繁重的劳动中解放出来，有了更多的闲暇时间，更高层次的需要——自我实现和自由的需要在这些人中产生，当然这种需要是建立在大多数人满足生活需要的劳动的基础上。因此对所有的人来说，工业化鲜明的分工，脑力劳动与体力劳动的对立，社会的“标准化、专业化、同步化、集中化、好大狂、集权化”[②]法则在人的发展上烙上片面化、标准化的烙印，人从属于机器，依赖于机器。人虽然是工业社会生产的主要劳动力，但自身的主体地位没有得到确立，因而也更谈不上创新力的发展，人的发展缺失了现实的基础和条件。但是人的发展是一个历史进程，每一个社会发展阶段都为人的发展提供了逐渐实现的条件，在这个历史过程中，人的主体性、自觉性和创新性逐步确立起来并发挥着重要作用。当知识经济迅速崛

①《马克思恩格斯选集》(第1卷)，人民出版社，1972年版，第32页。

②《第三次浪潮》，[美]阿尔温·托夫勒著，朱志焱、潘琪、张焱译，上海三联书店出版，1984年版，第100页。

起,生产力极大发展,社会物质财富极大丰富的基础已经形成时,人的发展与学习型社会的发展就获得了共同发展的前提条件。

首先,发达的经济提供了充足的物质与技术支持。学习型社会的新型资源——知识(智力)是依赖于人自身发展的一种特殊资源,知识从来就不是一个与其创造者相脱离的东西。所以知识经济的发展与人的发展的联系程度远远超过了以往任何社会经济形态,知识经济中经济效益和社会效益、环境效益、生态效益更多地表现出"以人为本"的思想,而且更容易实现社会与人的协调和统一。

学习型社会从结构上来说是社会主体自觉的构建,人在学习型社会中主体作用的发挥不仅是学习型社会构建的条件,也是实现人自身发展的条件。学习型社会首先使大多数人从自然和机器的束缚中解放出来,成为一个自主的、自觉的发展主体,从社会现实性上保证了个体自由的获得,为人的发展理想目标的实现创造了一个重要的条件。学习型社会是建立在知识经济基础上的一个新形态的社会,是以通过知识应用创造的财富为基础而不断进行财富再创造的一个新社会阶段。因此它的社会物质充裕程度不仅仅可以完全满足多数人基本的生活需要和享受需要,而且还满足大多数人的发展需要。从一定程度上促成了人的发展理想目标的实现,而不是像工业社会那样,生产力所创造的物质条件作为"第二自然"构成了人的发展障碍,造成了人与社会关系的全面异化。以知识经济为主导经济形态的学习型社会,社会生产的资料、过程和目的更多的是由人的活动本身的创造和需求所产生的,劳动本身体现内在目的与外在手段的统一。

学习型社会还从科学技术的发展上为人的发展提供更好的支持。由于科学技术的高速发展,一些新兴的科技产业使人类认识自然资源和人类自身潜能的能力大大提高,通过对一些高科技产业,如航空航天技术、基因工程、海洋生物工程等等的研究、开发和控制,既把它们作为人类社会生活的一部分,也把它们作为人类自身生产的一部分,站在高科技的前端,在运用高科技的技术手段对自然合理的改造、利用的过程中,更加全面地认识了自身。学习型社会物质和技术条件的创造,使更多的人的发展以一种开放的方式显现在人的自觉劳动中,从而使更多的人认识到,个人的发展是在既定社会关系或观念下的发展。"由此而来的是把他自己的历史作为过程来理解。"[①]

其次,发达的经济条件为越来越多的人提供越来越多可供自由支配的闲暇时间和广泛的交流机会与途径。学习型社会发达的经济条件不仅表现为社会生产率提高,高科技产业比重的不断增加和人民生活水平的不断改善,而且表现为人的平均寿命的不断延长和闲暇时间的不断增多。从 20 世纪 30 年代起,在世界范围内增加了休息时间,制定了了双休日制度,西方一些发达国家纷纷推行并根据各自的特殊性作了新的安排。英国教育学家查尔斯·汉迪(Charles Handy)在《非理性时代》(*Age of Unreason*)一书中作了精确的计算,1930 年,人的预期寿命为 60 岁,约 525000 小时,共中 100000 小时用来工作,175000 小时用来睡眠,用于成长、发育,早期教育、休闲、运动、旅游和业余爱好的时间为 250000 小时,汉迪预测到,到 2000 年时,人的预期寿命将达到 75 岁,约 657000 小时。而人们用于工作的时间将减少为 50000 小时,除去睡眠所需要的 219000 小时外,人们将有 388000 小时的闲暇时间。[②]学习型社会已处于这样一个时期里,人口寿命的延长和人们闲暇时间的不断增多,不仅为人的发展提供充足时间,而且为人的发展提供了新的生长点。以终身教育和终身学习为重要特征的学习型社会保证了人们为适应社会快速发展而获得知识和技能的补充和更新;为大多数人在自身发展的各个阶段都能持续地发展提供了条件,个体有充分的时间去思考和探索自身的生命价值和意义;保证了多数人能合理的善用闲暇时间,从闲暇生活中获得身心之休息与愉悦,并充实其精神生活,从而发展其人格;保证了大多数人在充分享受自由的时间里通过各种途径自觉地发

① 《马克思恩格斯全集》,第 46 卷(下),人民出版社,1979 年版,第 36 页。

② 《教育学文集·教育与社会发展》,瞿葆奎主编,人民教育出版社,1989 年版,第 547 页。

展个性。

学习型社会中信息技术发展的能量与魅力在于,以尽可能的方式把世界的每一角落联系起来,把每一个人的发展联系起来。通过互联网获得信息,进行交流、学习和娱乐是大多数人闲暇时间里的主要活动之一,也是主要的途径之一。人们不仅可以通过互联网进行知识和技能的学习,还能获得一些及时有效的信息,并且可以进行全世界的交流,互联网已经把马歇尔·麦克卢汉(Marshall Mcluhan)在20世纪60年代提出的“地球村”概念变成现实。人人都可以通过互联网走进世界的每一个角落,得到自己所需要的一切信息和资源,超越了空间和地域的限制,缩小了国家、民族和个体之间的距离,极大地加强了主体之间的联系,为社会与人的和谐发展提供了切实有效的交流工具。

学习型社会发达的经济在更高程度上提供了人的发展所必需的劳动时间和可以自由支配的时间,知识和信息的不断积累和更新从更全面的角度满足了多数人全面发展所需的基本的物质和精神需求,高科技的信息通讯技术为人的发展打开了更广阔的空间,节省了更多的时间,提供了迅捷的途径,增加了人与人之间交流的机会,促进了不同地域、不同人种之间的渗透和融合。

## 二、以文明的政治为必要条件

在知识经济越来越成为人类社会发展的主导经济形态的今天,向学习型社会的转型已成为世界多数国家发展的必然趋势。学习型社会构建的理论与实践的发展过程证明,建立在以知识经济为基础的现代政治文明,为人的发展理想目标的实现提供了必要条件。

知识经济中,每个生产者都是自由的,都是独立自主的主体,在经济的交往中,表现为交往双方地位上的平等。就知识经济而言,是以知识为主要的生产资料,而知识本身所具有的不可消耗性、无地域限制和可共享性等特征从根本上就决定了这种原材料无稀缺之虞,人们更加关注的是这种原材料的质的高低而非其量的多少。所以生产者可以根据自身的能力和意愿自由地决定生产什么产品，把自己的能力和创造性物化在对象上，同时，也可以自由地支配、处置自己的产品，也可以根据自己的需要来自由选择原材料和选购商品。经济领域中每一个生产者都在其中扮演着自己的角色，但在政治上主要表现为一种宏观整体的利益整合，只能由全体人民利益的代表组成政府来进行协调控制。这种以国家权力为核心的社会政治权利在体制上属于全体人民，并接受人民的监督和制约。在政治活动中，政府的决策关系到每个人的切身利益，只有政府立法、政府决策具有公正性、政治平等性，才能为各个利益主体所认同，从而才能形成稳定的政治秩序。而要做到公平、公正，就要切实实行民主政治，从根本上保障每个人政治权利在生活中的真正体现。

政治民主是市场经济在政治生活中的必然表现。知识经济是市场经济发展到成熟阶段的一种新型经济形态，要求公民自觉地以主体的身份参加社会各个领域的活动，民主进程的发展和民主化进程的提高在学习型社会已跃然成为社会政治的鲜明特征。知识经济高水平的发展，为人们参与政治活动提供了条件，提出了要求，督促人们为自身利益的实现和保障而积极参加社会政治生活，国家的政策就是各种利益主体参与社会政治生活的结果。学习型社会，能够切实地为大多数人的发展提供更高的人权保障和公平的教育机会以及学习条件，政府运用政策确立良好的社会运行机制以推动社会的发展，也可以颁布各项法令以保护人的发展不受到任何限制或侵害等等。不论是从理论还是从实践出发，都坚持“以人为本”的思想核心，为人的发展的理想目标的实现创造着良好的政治氛围。

学习型社会同其他的社会一样，也存在着优胜劣汰，也需要竞争机制以促进社会发展，这种竞争机制在学习型社会中表现为更自觉、更公开、更透明。无论是在经济领域还是在政治领域，必要的竞争对优化社会秩序具有重要的意义。对于人的发展来说也有重大促进作用。知识经济提供了广阔的资源共享机制和自由、平等的发展机会，它促进了社会与个人、个人与个人之间的流动和交往的发展。可以说这种流动是公平的、公开的，因为它是建立在肯定人在政治上自由平等权利的基础上，是建立在肯定每个人都有在政治上发挥自己才能的可能性的基础上的。这就可以调动起人们改变自身的身份和地位的能动性和积极性，从而提高社会主体的参政、议政的觉悟和意识。促进人员的合理发展与流动，提高社会整合的水平，进而使每个人能正视自己，选择合适的位置和方面来发展自己，养成公平竞争意识，树立奋斗目标。在学习型社会，每个人都成为独立的个体主体，都能以独立的主体身份参加社会活动，包括参加政治活动。因为每人都是一个自主性、创新性充分具备的个体，通过公平的竞争，凭能力通过民主进程成为领导层，形成一个共同体。共同体中的每一个个体要不断提高自身素质，而且它也要求共同体之外的每一个个体也要增强提高自身素质的自觉性，为自身更好的发展而奋斗。

人总是生活在一定社会关系之中，总要以一定的形式参与社会政治生活。以知识经济为基础建立和形成的民主、和谐有序的社会关系，本身就是现代人的存在形式。“脱离了社会秩序就没有人的存在，人只能通过社会秩序来发展自己的个性，并且随着社会的发展而发展。”[①]其实，文明的政治作为学习型社会实现人的发展的必要条件，尤其需要做好社会政治制度工作，在今天现代社会治理就是一项重要的整治行动。“在某种意义上现代社会治理就是促进人的学习与全面可持续发展的过程，是通过人人学而行思向善进而形成理想社会形态的社会行动。”[②]学习型社会中实现人的发展，离不开良好的社会治理，政府在社会治理中要创设一种尊重学习的社会氛围，将成人继续教育纳入到社会治理的范畴之中。正如有研究者所指出，“我国学习型社会建设的发起主要依赖党和政府以学习型城市建设为抓手的系统性制度设计与实践推进。”[③]以政府为主导，创建学习型城市、学习型社区，构筑学习型组织，引导企业和相关组织参与社区教育，等等这些治理载体是学

① 《社会转型与人的现代重塑》，李淑梅著，山西教育出版社，1998 年版，第 280 页。

② 《论学习型社会建设中成人教育的社会治理功能》，李兴洲、陈宁、彭海蕾，《中国远程教育》，2019(6)，第 8~12 页。

③ 《基于治理体系创新的学习型社会建设路径研究》，王中，《成人教育》，2019(6)，第 13~17 页。

习型社会实现个体终身学习、可持续性发展的必要条件。

## 三、以开放、创新的文化为重要条件

文化凝结了一个国家的所有特点，也左右着一个国家的各种发展可能。第二次世界大战以来，越来越多的国家将文化纳入国家发展战略体系中，认识到文化对于经济、社会发展和国家安全的极端重要性，都不约而同地加强了文化创新的力度，加快了文化创新的进程。未来学家阿尔温·托卡勒不久前曾指出："当今世界经济基础已变成信息、知识、主意和文化，文化竞争已经成为当今经济竞争的核心。"正如西方一位哲人所说："文化是明天的经济。"在学习型社会，文化不仅仅是价值的引导、民族的粘合剂，文化与知识经济的融合，精神产品与现代高科技传媒手段的联姻，使得传统意义上的文化产品逐渐"物化"，文化产品在知识经济时代以其满足人们的精神需求实现着自身的社会价值，同时以其高附加值实现着自身的经济价值。学习型社会的文化，不再停留于满足人们精神上的愉悦和物质上的享受，而且成为体现高质量生活的消费品，成为人的发展达于其"终极意义"的重要条件。

知识经济的发展所引起的变化是全方位的，不仅导致现实物质生活层面发生根本性变化，而且也不可避免地导致社会的精神生活即文化活动的根本变化。文化作为一种人类基本活动，是人类在征服自然、进行物质生产以满足生存需要的进程中产生的，它的产生也正是为了满足人类生存的基本需求而进行的。人类不仅仅是一种生物性存在，同时还是一种"超生物性的精神性存在"，精神性使人类获得了自由选择的能力。"自由意味着存在着可能性，意味着有可能进行选择。具有选择的自由是人类的一项特权。"①人的精神性也决定了人不能不做选择，但社会发展不给人提供足够选择之域时，人类的自由选择是不能现实性地获得，那么作为人类生活之意义也是残缺的、不完善的。正如缺少足够的

①《现代社会转型论》，陈晏清主编，山西人民出版社，1998 年版，第 107 页。

物质生活资料将导致生物性生命无法存在一样,缺少生活意义这种精神生活资料也将导致精神性生命难以为继,难以保证真正的自由。工业文明创造的较高生产力和较丰富的物质文明,在一定阶段的一定程度上满足了人们享受生活意义的需要,但工业文明发展思想单一性,却造成了人类精神的贫乏,由于极度的"人类中心主义",尽可能多地利用自然资源,以获取最大利润为社会生产的根本目标,不考虑或极少考虑环境效益、生态效益和社会效益,建筑在自然资源取之不尽、环境容量用之不竭的狭隘思想的基础上,甚至以向自然掠夺为目的,这不能不说技术与科学与人类文化分离的悲剧。以此为基础的物质文明与精神文明也是相分离的,导致人的精神性缺失。

学习型社会的发展是以知识经济为基础,充分利用高科技,科学、合理、综合、高效地利用现有资源,同时开发和创造性地利用富有自然资源来取代已近耗尽的稀缺自然资源,促进人与自然协调、可持续发展,这是学习型社会的主要表现之一。学习型社会在尽可能保持自然原生态下的自然文明,又科学地满足人类发展需要,创造了与人发展相适应的新的精神文明,从而保证了人的精神性存在的坚实的物质性根基,以高科技创造巨大的物质财富(文明),在充分满足人们的生存性需求的前提下,为人的自由的精神性活动创造广阔的空间,从最根本上让人的自由具有广泛的选择性、创造性。因为人类生存所需的精神生活资料——生活意义,也是必须由人们的精神劳动生产出来的。利用丰裕的物质基础和先进的科学技术进行自由的精神文化活动,人们的生活意义就能在现实和理想两个层面达到较好的统一。

知识经济的信息化和全球化必然导致全世界各个国家、各个民族文化的大碰撞,高科技和网络信息的飞速发展,促进了传统文化与现代文化的大交融,每一个国家都成为了一个缩小的世界,各国文化与本国文化共存与交融已是一个不争的事实。文化的这种大碰撞和交融所产生的多样化、开放性文化已成为学习型社会文化发展的鲜明特征,具体表现在两个方面:其一是学习型社会文化所包含的价值和意义永远处于不断的增量或减量的状态中,各种文化特质不断被创造出来，适者则保留，不适则淘汰；由于地域文化传播的无限与重新整合，一种文化体系的价值和意义永远处于质与量的不断变化状况中；其二是学习型社会的文化活动领域处于不断地迅速变化的状态。这种变化不仅仅是二元对立的，而是多元的转化，它永远处于有序与无序、线性与非线性、平衡与不平衡，逆转的与不可逆转的变化状态中。这样的一个开放的体系（领域）是与自主的、自由的创新的文化主体的需要相统一的。

多元、开放的文化的外在表现形态也是一次空前的人类知识整合运动，其结果是在一个新层次上超越迄今为止所面临的分裂与冲突的格局，重建人与自然的和谐统一，超越理性主义与非理性主义二元对立的总体的人，把人的实践本性的合理发挥作为核心，这样人才能作为一个开放过程而生成。以人为主体而寻求人的本质完美实现的理想始终是学习型社会理想性文化的主旨所在。学习型社会的文化发展以其丰富的知识、信息资源，高科技的传媒手段，文化主体的自主、能动、创新的充分发挥，推动着人的理想性文化与现实生活的“顺接”，并为现实性文化提供着一种终极意义上的支持。

## 四、以个体的主体性发展为动力

学习型社会中人的发展最终是为了实现主体性发展，这也是学习型社会人的发展的动力。以个体的主体性发展为动力，同时也在回答学习型社会究竟是为了什么的问题。其实，这也是在追问，构建学习型社会究竟是为了什么？为的是个体在社会中能够张扬自己的个性，能够充分地发挥和展示出自身的自主性、主动性和创造性。学习型社会中实现人的发展以个体的主体性发展为动力，同时个体的主体性发展又是学习型社会中人的发展的目标。学习型社会为个体的发展提供了良好的外在环境，但是个体的发展要能够实现，还需要一种内在的动力，这种内在的动力就是个体想成为一个能够自主支配自己人生价值的人。那么要实现自身自主性、主动性和创造性的发展，就需要不断开展学习。所以，个体的主体性发展是学习型社会实现人的发展的重要条件，人的发展多方面因素在作用着，但是个体的主体性发展是其内在动力，如果没有这一点，即使经济再发达、制度再完善，也不能实现人的发展。“学习型社会充分强调了人在社会发展中的主体地位。学习型社会强调个人是学习的主体而非教育的客体，因此教育必须适合人的需要，并通过倡导和实施创新性的学习理念、学习方式，使人的潜能和创造力得到最大发挥。”[①]学习型社会为的是个体的主体性发展，个体在学习型社会中的发展以其主体性发展为动力。《教育2030行动框架》的总体目标定位是“确保全纳、公平优质的教育，使人人可以获得终身学习的机会”[②]。保障社会中每一主体的学习和发展权利，每一主体都可以选择适合自己的内容和方式开展学习。

① 马仲良，于晓静.学习型社会：21世纪全球发展大趋势[J].中国社会经济发展战略，2007(5)：20~23.

② 徐莉，王默，程焕弟.全球教育向终身学习迈进的新里程："教育2030行动框架"目标译解[J].开放教育研究，2015(12)：16~25.

# 第四章　中国向学习型社会的转型

2001年5月，江泽民同志在亚太经合组织人力资源能力建设高峰会议上明确指出，中国要“构筑终身教育体系，创建学习型社会。”2002年11月，党的十六大报告中强调，要构筑全民学习、终身学习的学习型社会。中共中央、国务院确定建设学习型社会不是一个“乌托邦”式的理想，而是基于对中国社会各方面事业发展现实状况的考察，是中国能在21世纪中期迎头赶上发达国家的战略思考而进行的自觉选择。这在中国建设学习型社会的实践中得到了印证。众所周知，学习型社会的创建是一个复杂的系统工程，受社会发展各个要素的制约，是世界各国自觉选择的发展道路。虽然建设学习型社会之路“任重而道远”，但世界政治、经济、军事格局的发展向中国表明：如果不紧紧抓住学习型社会建设的历史性机遇，那么中国可能再也无法实现追赶发达国家的愿望。通过考察中国当前社会发展的条件和学习型社会建设之路，我们有充分的理由相信，中国已经抓住这次关键性的机遇，正在建设学习型社会。当前，在中国建设学习型社会的过程中，还存在一些令人思考的问题，促使我们去探寻中国在这一历史进程中改革和发展的内在根据。

## 第一节　学习型社会转型的复杂性

中国有良好的历史发展机遇，在将来能全面建成小康社会，成为世界经济强国。但是，这些目标不是轻而易举就能实现的，还需要应付很多挑战，克服很多困难。

努力实现中国向学习型社会的转型,不能不重视这样两个基本事实:一是中国属于第三世界国家。从世界历史的总体进程来看,中国属于"后发国家",因而在发展问题上面临后发国家的一般问题,如与贫困状况相联系的需求压力、社会结构的二元性、文化滞后等;二是同发展中国家相比,中国社会的发展又有自己的特殊性,这种特殊性不仅表现在地域条件、文化传统上,更重要的是表现在中国自近代以来的历史发展的过程上。其中特别重要的是,中国在实行了改革开放以后,社会和国家的发展日新月异,在全球化的背景中,迅速地迈进了现代化的门槛,在加快中国的现代化进程中,实现着向学习型社会的转型。但由于中国的这一转型所面临的条件和环境不同于西方发达国家。而学习型社会的构建本身又是一项复杂的系统工程,这就给我国向学习型社会的转型带来了更多的复杂性,我们只有正确认识和分析这些复杂性,才能获得转型的成功。

## 一、向学习型社会转型的历时性与共时性

中国是发展中大国,她的发展是在世界一体化和地区集团化以及发达与欠发达之间差距不断加大的状况下进行的现代化建设和向学习型社会转型。这就使得中国面临着巨大的压力:早期现代化进程中的历时性矛盾变为当前的共时性矛盾,从而为这些矛盾的解决增添了许多障碍和困难,而且没有为这些矛盾的解决提供足够的时间。在这种情况下,我国更要坚持"科学技术是第一生产力",稳步推进可持续发展。

从现代的历史进程看,存在着先发性和后发性的不同。世界范围内的现代化存在着一个先后的时间顺序,它发端于西方发达国家,然后开始向全球扩展的历史过程。西方发达国家的现代化是一种先发性的现代化,它是在自身的封建社会母体中,通过社会结构中的经济、政治和文化等一系列因素的积累而逐步孕育出来的。西方主要资本主义国家由自然经济向市场经济的过渡开始于16、17世纪,通过资产阶级的革命率先完成向以市场经济为基础的现代化社会的转型,这个转型过程是随着商品经济的发生和发展而自然自发的实现的,较

少受其他民族国家经济、政治和文化发展的影响，从而确立了资本主义的“一体化”市场经济结构。与此相适应，社会政治结构和文化结构也通过资产阶级革命从传统社会类型向市场经济结构的功能要求相吻合的现代社会类型的转变。但是，西方资本主义现代化的生产方式本身不是一种可持续的现代化生产方式，具有明显的反自然、反生态的特征。随着知识经济的发展和世界经济一体化的建立，这些国家的国内大众的可持续发展意识逐渐普及和提高，这些“肮脏”的产业在国内已经丧失了生存的基础。在西方主要资本主义国家进入现代化之后，“现代化第一次使社会进步成为一个自觉应用科学技术的过程”，[①]科学技术逐渐成为了社会发展的第一推动力，很快掀起了以西方主要资本主义国家为主的袭卷全球的知识经济浪潮，促使他们又自然地进入知识经济时代，构建人与社会和谐发展的学习型社会日益成为各主要资本主义国家的转型目标。从20世纪70年代“学习型社会”理念的提出开始，到20世纪90年代，一些主要的资本主义国家已经初步实现了向学习型社会的转型并基本进入学习型社会的初级阶段，从某程度上说，他们实现向学习型社会转型是一种“内生性”的，自然自发的过程，是他们在历史发展过程中逐步解决政治、经济、文化等一系列社会问题的必然结果。

西方国家的现代化进程具有渐进性，而我国的现代化进程更多的是跨越性。我国的现代化是在先发国家若干世纪的发展从根本上改变了世界政治、经济和文化发展的格局的这样一个与先发国家转型期完全不同的国际环境和历史条件中进行的，这就使得中国的转型既要在短时间内完成先发国家经过上百年时间所实现的转型目标，而且也要同时紧跟世界一体化进程而实现向学习型社会转型。在现代化已经成为了一种全球性存在的条件下，学习型社会成为一种新的社会形态已是社会发展的必然趋势，国内的社会政治问题、经济发展、文化发展以及民众的价值理念和素质提高等问题，国外知识经济、高科技革命和

①《生产力移植与跨越式发展》，张云飞，《江苏行政学院学报》，2001年第3期。

一些其他具有“危害性”因素的存在，都时时刻刻不同程度地影响着我国的现代化进程和向学习型社会的转型。可以说我国的现代化是一种后发现代化，实现现代化既有外来环境的压力，也受社会结构的制约，因此是一项十分复杂的工程。

从国际环境来说，我国的现代化是在世界一体化进程中进行的。因此从起步开始就受到世界体系的制约，而世界体系自身又充满了矛盾和抗争，我们要在这个已经把自己都卷入的世界体系中谋求着国家发展，对我国来说，不仅生存和发展时时困扰着自己，而且落后就要挨打的问题也日益突出，而这一切问题的解决都寄希望于现代化。

从国家的自身社会结构来看，长期面临“结构三元性”的困扰，“结构三元性”指我国的经济结构中存在着其性质完全不同的三种经济形式，即生产率低下、经营方式落后的自给或半自给性农业经济，生产效率较高、经营方式较为先进的现代工业经济和生产率极高、以高科技为主的高新技术产业经济。[①]这种经济上的“三元性”是我国在实现现代化的过程中将长期存在的，而且经济结构上的“三元性”必然延伸到了政治领域和思想文化领域，形成整个社会结构的“三元性”，相互矛盾的社会体制以及难以相容的发展策略持续不断地引起社会内部的紧张和动荡不安，给国家的管理带来了复杂性和艰巨性。

知识经济已成为席卷全球的浪潮，它必然引起世界范围内经济、政治和科学技术的交流，而且也伴随着文化意识形态的交织、碰撞。在信息技术和互联网迅猛发展的时代，人们的观念也在不断发生着变化。在社会生产不断满足人们的生存需要、享受需要和发展需要的同时，人们对自身的发展提出了更高要求，要求社会既为人的发展创造条件，又要实现人和社会的可持续发展。信息技术不仅使我们的观念日益更新，而且在缩小我国与发达国家的发展差距上起着十分重要的作用，我国只有迅速建立以信息化技术体系为现代化的技术基础，积

①《生产力移植与跨越式发展》，张云飞，《江苏行政学院学报》，2001 年第 3 期。

极发展高科技产业，在缩短自己发展路径的同时，迅速实现现代化和向学习型社会的转型。因为我国是后发型国家，只有利用现代化的既得成果缩短自己的发展路径，进行跨越式发展，实现社会发展目标。正如塞缪尔·亨廷顿在他的《现代化：理论与历史经验的再探讨》中所论说的："现代化过程是具有极大的弹性和多样性的。缺乏可视为工业发展的前提条件的'普遍'原则的某些因素，似乎并不一定减损前提条件这个概念的启发价值"，"在一个国家可能起了前提条件作用的，并在某一种意义上成为其现代化'原因'的因素，在另一个国家则似乎是现代化的结果。"①

## 二、学习型社会内容的世界性与民族性

民族国家与世界的交流是必然的，就民族国家与世界的关系的角度看，所有国家民族都是一个开放的系统，没有相互之间的交流，就没有各自的融合与发展。"各个民族国家虽然有着不同的发源地，最初也是孤立地发展的，但是随着他们能量的越来越大，就会导致这些国家民族的向外输出。或者开辟疆土，掠夺资源；或者友好交往，相互学习；开始了与它民族的交往，任何困难和力量都不能阻止这种交往"。②正是这种多样化的国家民族之间的交往，才使得各个民族国家的发展日益迅速。就一个特定的民族国家而言，不与其他民族国家交往，势必会走向衰落。从整个社会系统的角度看，民族国家这些子系统的相互交流和作用，有助于整个人类的文化创造和文化积累，也有助于经济增长和社会进步

近代社会，各民族国家自我封闭的经济和文化系统被市场经济冲断民族国家的历史开始迅速的向世界历史转化。"20世纪以来，随着现代交通和通讯技术以及跨国公司、世界银行和多边经济关系的飞速发展，随着资本主义国家之间为争夺原料产地和商品市场而展开的经济、军事角逐以及第三世界国家争取民

---

①《现代化：理论与历史经验的再探讨》，[美]塞缪尔·亨廷顿著，张景明译，上海译文出版社，1993年版，第190页。

②《转型社会控制论》，杨桂华著，山西教育出版社，1998年版，第26页。

族独立和解放的斗争,世界范围内经济、政治和文化已经形成了一个普遍相互依赖、相互制约的体系。生存和发展不再是一个民族或国家自身的事情,各民族国家自然、自发的发展道路已被终止。”[①]这说明,国家民族的发展,不仅仅是自己社会内部的事情,而是与世界密不可分的。

民族国家之间的交流,必然会导致本民族国家内部的变化,而一旦出现异于以往的新事物,就会受到人们传统生活方式、风俗习惯、价值观念的抵制和抗拒,这就会使社会的发展变化处于一种抉择取舍的状态。文化的冲突是具有根本意义的冲突,民族文化包含着一个民族自然形成的语言系统、价值观念、伦理意识、风俗习惯和生活方式等多种因素,通常是民族性的具体体现。然而,世界范围内经济、政治和科学技术的交流必然伴随着文化意识形态的交织碰撞,这时,民族国家就不得不面临着外来文化对本民族文化的严峻挑战,并在选择与放弃之间进行艰难的选择。民族文化是在自然经济基础上形成的,其总体结构和基本性质是与现代知识、经济不相适应的。但其中许多美好的东西又是我们不能割舍的,而更要发扬。在信息技术发达的今天,文化渗透或者是潜移默化,或者是全盘接受,这更多的在于民众的心态、自主意识、价值观念、伦理意识等等诸多因素。然而大多数人都愿意接受美好的东西,享受富裕的生活,在人与自然、社会和谐发展中生存。因此,如何能既保证本民族国家的民族之魂不为外来力量所冲散,同时又能保证本民族在与世界的交流中相互促进,成为世界上每一个后发国家必然要面对的问题。

在与世界的接轨中,在向外寻求发展的动力时,中国作为发展中国家,也必然要面对着对外开放中的世界性与民族性的问题。世界的一体化和集团化趋势使得当今世界没有一个国家能够离开国际社会而孤立地生存,任何国家都必须参加或利用国际分工,参与国际贸易,加入国际金融活动和文化活动。全球一体化进程无论是对发达国家还是对发展中国家来说,既是挑战也是机遇。发达国

①《当代社会转型论》,陈晏清主编,山西教育出版社,1998 年版。第 67 页。

家实现向学习型社会的转型，主要以自身的社会发展为内在根据自觉构建的，但就学习型社会这一社会形态而言，它不是完成态，而是一个发展的过程，因此它的发展必然离不开全球一体化的影响，离不开国家之间的交流，通过学习、交流与借鉴，逐步对本国的这一社会形态进行完善和发展。后发国家向学习型社会转型，主要来自国际这个大环境的整体影响，通过全球一体化对各个后发国家的政治、经济和文化进行全方位地渗透、影响，诱发他们自身社会民族性因素，推动他们向现代化发展，向学习型社会转型。中国向学习型社会的转型是这一世界历史性过程中的一部分，在转型过程中，同时存在着民族性和世界性的矛盾。二者相互交织使得中国向学习型社会转型更加复杂化。

"生存和发展不再是一个民族或国家自己的事情，各民族国家自然、自发的道路已被终止。"[①]民族国家的发展历史开始迅速向世界历史转化，特别是 20 世纪 90 年代以来，高科技的产生和应用，直接使科学技术成为第一生产力，高科技产业的迅猛发展极大地解放了社会生产力，使高科技的发展也融入了世界历史进程中，成为世界性资源。这就要求每一个民族和国家都应积极主动地采取对外开放的姿态，只有在采取对外开放政策的前提下，才能融入世界历史和全球化的进程中，才能更好地推动自己民族的发展，真正实现"民族的就是世界的"。但我国与其他发展中国家又有所不同，我们是由中国共产党领导的社会主义国家，在面对世界性与民族性问题的同时，还要面对建设中国特色社会主义国家的特殊性的问题。

但是，我们有理由相信，我们拥有先进的政党——中国共产党作为我国的执政党，拥有 8000 多万中华民族的优秀分子，有先进的指导思想，有先进的制度，同时，中国共产党还是善于学习的政党，在她的带领下，我们必将会取得最终的胜利。

社会主义是在全球范围内对资本主义的扬弃，然而，当代的世界经济是资

①《当代社会转型论》，陈晏清主编，山西教育出版社，1998 年版，第 67 页。

本主义占主导地位,确切地说,是少数发达资本主义国家经济占主导地位。这种表现非常明显:“在当前世界近30亿美元的国民生产总值中,美、欧、日等发达资本主义国家占70%以上;在世界近6亿美元的出口贸易中,他们所占的比重也大体如是;在世界6400亿美元的对外直接投资(1998年)中,他们占90%以上。他们的科技力量雄厚,高科技产业水平高,他们的跨国公司在世界生产和世界市场上占据巨大的优势地位,他们在国际组织中起着支配作用,国际关系的各种规则,基本上是由他们制定的。”①在全球政治与经济交往中,发展中国家总体上处于不利地位。因而,在目前情况下,社会主义和资本主义的关系不仅是时间上的“替代关系”,更主要的是空间上的“并存关系”。社会主义与资本主义将在世界中长期并存。所以,我们在充满信心的同时,还要客观地看待我国所处的形式与地位,科学地处理好意识形态上存在的特殊问题。

向学习型社会转型,对中国来讲,既是一个民族性的任务,也是一个世界性的任务,在复杂的世界背景和国内背景求得实现,必定是一项艰巨复杂的工程。认识其复杂性,可以让我们更客观、更冷静地处理发展中存在的问题,为中国向学习型社会的转型创造一个稳定的持续发展的经济基础,一个健康、丰富的文化环境和自主、创新的国家政府。

## 三、建设学习型社会的先进性和不平衡

在自然、历史、民族、经济等各种差异因素的作用下,世界经济和各个国家内部经济的发展都出现了不平衡的特点。他们的发展在知识经济全球化的进程不断呈现出新的不平衡,这种不平衡在样态上表现为经济发展水平的不平衡,在动态上表现为经济发展速度的不平衡。而经济持续不平衡的发展,最终导致形成国家与国家、地区与地区的差异,从根本上影响着一个国家在世界发展进程中的存在样态,影响着每个地区在国家整体发展中的作用。

---

①《当代中国转型期社会形态研究》,贺善侃著,学林出版社,2003年版,第53页。

历史上任何一次产业革命都会使贫富差距加大，以互联网为标志的信息化革命尤其如此。作为当今经济全球化的重要推动力之一，信息化革命不仅带给世界各个国家发展所需的先进理念、技术，同时加剧了国际间不平衡发展的“循环和积累”。正如马来西亚总理马哈蒂尔所说：“直到现在，没有看到任何发展中国家从正在进行的全球化中得到好处，我们看到的是西方富国越来越富，发达国家和发展中国家之间拥有财富的差距越来越大。”从某种程度上说，先进的科学技术确实使人类社会向前迈进了一大步，但它并没有像人们想象中的那样发挥它的先进作用，更多的是在发达国家发挥着重大作用，对大多数发展中国家而言，即使有一定程度的发展，却始终无法与发达国家竞争。从世界经济发展的过程来看，发展的先进性与不平衡是世界经济发展的基本规律之一，它从根本上决定着世界格局的不平衡发展。瑞典经济学家、新制度学派代表人之一缪尔达尔在他的《经济理论与不发达地区》中提出“循环和积累的因果原理”来解释国家间和地区间发展不平衡，认为社会经济各因素是相互影响、互为因果，并具有积累性，国家间和地区间经济发展的差距就是由这种“循环和积累的因果原理”造成的。经济发展水平的差距造成了经济不平等、市场机制“优胜劣汰，扶强抑弱”的情况下，世界各国经济发展必然出现不平衡。所以对大多数发展中国家来说，要想使世界经济发展从不平衡走向平衡，是一个需要很长时间的历史过程，而且很可能得到一种“暂时平衡的结果”，之后又产生新的不平衡。因为就当前世界经济发展而言，新的、先进的科学技术较多地集中在少数发达国家手中，他们的产品技术含量高、品质好，而很少有发展中国家能与其竞争，这就必然使高科技的应用拉大了发展中国家与发达国家的差距，更多的“外围”发展中国家只能顺应“中心”发达国家的发展而发展。基于这种新的不平衡的经济发展基础上的世界各国，仍然在政治上保持着一种不平衡的发展，世界格局发展的不平衡也几乎没有改变。

世界发展的格局不仅影响国与国之间的发展，而且也深入影响到各个国家内部地区之间的不平衡发展。尽管中国的发展在世界发展中具有十分重要的地位，但中国的发展离不开世界，也离不开自己的国情。中国基本的国情决定了区域发展的不平衡。这种不平衡是贯穿我国现代化过程的一个十分重要的特点。由于自然与历史的原因，东部即沿海地区成为经济发展最快最集中地带，特别是从20世纪80年代以后，由于地区优势和国家政策倾斜，东部地区成为我国经济发展或高速增长的龙头，对整个国家经济实力提高做出了重大贡献。但与此同时，也拉大了与中西部地区结构性经济发展的距离。最近几年东部地区的高科技产业的迅猛发展，不仅为我国在世界发展中赢得了机遇和地位，而且更大地促进了东部地区的经济腾飞，与国家已开始向西部地区投资的力度和回报相比，东部与中西部地区的差距并没有缩小，反而更大。从全国来看，中国的产业和三元性结构经济是中国经济发展不平衡的一种典型表现。

经济学家胡鞍钢把中国国情的特点概括为“一个中国，四个世界”与“一个中国，四种社会”。[①]从经济上看是“一个中国，四个世界”，即根据世界银行对各收入组的划分，根据购买力评价（PPP）计算的人均GDP水平，把中国人口划分为四类收入组，即属于四个世界。“第一世界”相当于世界高收入国家水平，占全国总人口的比重为5%；“第二世界”相当于世界中等收入国家水平，约占总人口的五分之一；“第三世界”相当于世界中下等国家收入水平，约占总人口的四分之一；“第四世界”相当于世界低收入国家水平，约占总人口的一半。可见，中国社会发展的不平衡，尤其不发达人口占主体，约为四分之三，显示中国作为一个整体在世界经济中还处于相对低的水平。中国社会从人类发展水平上看是“一个中国，四种社会”。按照UNDP（联合国开发计划署）的标准，从人类发展指数上将中国人口分为四种社会发展阶段。一是高人类发展水平，发展指数超过0.800；二是中上等人类发展水平，发展指数处于0.650~0.799之间；三是中下等人类发展水平；四是低人类发展水平。另外，中国还没有完成工业化，大量的劳动力还在农业，服务业与知识产业不算发达，水平参差不齐，因此，可以说，四种

①《中国大战略》，胡鞍钢主编，浙江人民出版社，2003年版，第180页。

经济形态在中国同时并存，即农业经济，约占50%；工业经济，约占23%；服务经济，约占22%；知识经济，约占5%。这样一种社会发展不平衡的特点，还将长期存在下去，深刻地影响着我国的现代化进程和学习型社会转型。而越是这样的不平衡发展，越需要我们应用先进科学技术大力支持，发展西部。利用东部优先发展的科技成果作为西部发展的直接生产力，促进西部跨越式发展，以尽可能短的时间缩短与东部的差距，从整体上缩小中国国内的和中国与发达国家的距离。笔者认为区域经济和社会结构的不均衡发展，是世界和国家在工业现代化、经济一体化过程中难以避免的阶段，区域间水平差距和社会结构差距的缩小将是一种必然趋势，但是需要经过一个相当长的历史时期。

经济发展的不平衡还影响着人们的价值观念、道德观念等，更主要的是影响着人的整体素质。我国是一个人口大国，而且80%的人都集中在农村，由于历史的原因，农村的发展落后于城市，人口平均素质普遍不高是一个事实。在经济快速增长的今天，特别是以技术进步和结构调整为主的经济增长，对低层次劳动力的需要却在减少，更多的新就业机会对劳动力素质提出更高要求。大部分劳动力都在农村并且还不断增加，地区经济的差距影响着劳动力的素质，反过来一个地区劳动力素质高低又在很大程度上决定着这个地区经济发展，进一步影响着文化、教育、卫生事业的发展，地区间、城乡间的距离就会越来越大，经济发展的不平衡也会加剧。这种不平衡会导致我国整体发展水平的滞后，因此，如何通过社会的转型来促进社会在一个较高水平上实现经济与社会整体发展上的均衡化，也是摆在我们面前的一个重要课题。

## 第二节　向学习型社会转型的条件

文明的政治、发达的经济和开放的文化是社会发展的一般目标，所有社会的都会向着这一目标永恒迈进，可以说，所有社会都处在这一历史进程之中，社会的发展，只能无限接近这一目标，而不会有一个绝对的终点。中国社会在顺利的向现代化迈进之际，已逐渐具备了构建学习型社会的一般条件，而且随着社会发展的不断完善，社会各方面的发展也会更加完善，于是，构建学习型社会的问题就提到日程上来。

首先，在经济社会发展方面，中国国民经济持续、快速、健康发展，综合国力明显增强，成为发展中国家吸引外国直接投资最多的国家和世界第六大贸易国，人民物质生活水平和生活质量有了较大幅度的提高，经济增长模式正由粗放型向集约型转变，经济结构逐步优化。社会发展方面，人口增长过快的势头得到遏制，科技教育事业取得积极进展，社会保障体系建设、消除贫困、防灾减灾、医疗卫生、缩小地区发展差距等方面都取得了显著成效。

其次，在经济的强劲增长条件下，社会主义政治也逐渐向民主化迈进。党的十六大报告明确指出："发展社会主义民主政治，建设社会主义政治文明，是全面建设小康社会的重要目标。"[①]政治文明是一个包含丰富内容的概念，涉及国家、政党、政治制度、宪法，以及人民主权、公共权力、司法权力、立法权力、执行权力等，包括政治意识、政治制度、政治活动等方面内容，其核心是文明的而不是野蛮的、专制的政治制度。对于政治文明的建设，我们国家已经制定了一系列的重要举措，党的十六大报告指出：对于人民当家作主问题，强调要"坚持和完善社会主义民主制度"；对于依法治国问题，强调要"坚强社会主义法制建设"；对于党的领导问题，强调要"改革和完善党的领导方式"，并且指出"这对于推进社会主义民主政治，具有全局作用"，等等。这些举措表明，我们国家正在积极稳妥地推进政治体制改革，扩大社会主义民主，健全社会主义法制，建设社会主义文明。

我国社会主义政治文明的特点是中国共产党的领导和人民当家作主。中国共产党是马克思主义理论武装的先进的政党，其宗旨是全心全意为人民服务。改革开放以来，人民当家作主的积极性和创造性不断提高，人民的意愿逐步得到实现。坚持和完善共产党领导的多党合作和政治协商制度；坚持和完善民族

① 《十六大报告辅导读本》编写组编著，人民出版社，2002年版，第28页。

区域自治制度;废除了领导职务终身制,进行了党政机构改革,实行了县乡两级人民代表的直接选举,积极扩大城乡基层直接民主,推进村民自治,发展社区民主,完善以职工代表大会为基本形式的企事业单位民主管理制度;全国人民依法享有民主选举、民主决策、民主管理、民主监督的广泛权利。这些变化,说明我国在政治民主化建设的进程中,取得了显著的进步。当然,政治民主化是一个历史过程,会随着社会发展而不断进步。

第三,随着中国对外开放的程度加深,政治民主化的进程加快,社会文化也呈现出繁荣和多样化的开放趋势。“人类在自觉结构的建立方面所进行的文化创造和文化选择,充分展示了人类文化对自觉的社会结构有着巨大的能动作用,正是在这种文化创造的推动下,人才在这种日益人性化的社会结构中得到肯定。”[①]人类就是这样,通过自己的文化创造活动,建立日益符合人性的社会结构。由此,我们可以看出,文化对于人类社会发展的重要作用。

在中国进行市场经济建设和改革开放的过程中,社会主体逐渐接触了不同于以往的社会文化,并且在了解中同化或抵制,从而在多元的社会文化中创造出自己独特的社会文化,这种状况,是与中国社会经济的发展所提供的条件与政治的民主所创造的环境息息相关的。在现代化的进程中,中国社会逐步开放,增加了与世界交流的深度和广度,中国社会文化越来越呈现出多元、开放的趋势。社会主体在传统文化的基础上,发挥主体能动性,正处在对各种文化进行着不断扬弃的进程之中。

在中国社会取得一般发展的前提下,对于学习型社会构建,还应落实在一些具体条件上来。对于我国的学习型社会的构建,最直接表现在以下几个方面条件的具备上。

---

①《转型社会控制论》,杨桂华著,山西教育出版社,1998 年版,第 105 页。

## 一、理论建设的先导性

任何一个理性发展的社会都有可以遵循的社会发展理论，通常表现为理论的研究、谋划在先，实践的行动在后，体现了社会主体的自觉性和自主性。因此，构建学习型社会的理论研究对学习型社会的创建有着十分重要的意义。无论是国外还是国内，关于学习型社会的理论研究已经初步被社会发展所认同，体现了社会理论研究的前瞻性和先导性。

美国芝加哥大学校长罗伯特·赫钦斯撰写的《学习型社会》一书中，提出了有关“学习型社会”的概念和理论。他立足教育，思考并提出来有关未来教育和社会的理念。“学习型社会”这一术语的提出得到各国(主要指西方发达国家)研究者和组织的注意，之后，分别在20世纪六七十年代和20世纪90年代掀起了学习型社会研究的高潮。特别是从20世纪90年代开始，随着理论的日趋完善，一些国家已经开始从教育结构着手，构建了学习型社会的基本结构，他们的做法已成为各国向学习型社会转型重要的、可借鉴的经验。

1994年11月30日至12月2日，欧洲学习促进会、美国教育理事会等组织在联合国教科文组织、美国州立大学与学院联合会等机构和一些大企业的支持下，在罗马召开了首届世界终身学习会议，参加会议的有五十个国家和地区的四百七十多名代表。会议认为：终身学习是21世纪的生存概念。为发展终身学习，会议达成了四个基本共识：(1)由于人类精神所赋予，人们有着广泛的求知欲望和兴趣，这些可以通过学习来发展；(2)应该使人们在一生中易于得到各种各样的学习机会，即应该建立一个学习型社会；(3)国家和世界的繁荣今后将有赖于学习型社会的建立；(4)学习型社会是不会自发产生的，是要经过人们有目的的努力来建立的。这次罗马会议上所强调的终身学习，不是简单的个人行为，而是一种社会行为，认为各种组织乃至人群都应成为“学习组织”，整个社会都应成为“学习型社会”，并且认为国家和世界前途将取决于它的发展。

学术上的研究并不一定都会成为政府行为，但是作为社会发展的战略构想，任何一个国家都可以把它作为参考，作为社会发展可供选择的一个方向。世界经济一体化、知识经济全球化、教育国际化的世界大环境告诉我们，如果不构建一个开放的社会结构，如果不善于在极速发展而又错综复杂的世界发展格局中找准本国社会发展的方向，就有可能被社会的发展所抛弃。“蝴蝶效应”告诉我们，世界是普遍联系的，而这种联系在今天这个信息发达、联系复杂而又敏感的社会中，显得较以往更为紧密，世界某一个地方所发生的风吹草动，总会在另外一些地方引起反应。所以在当今社会，一个国家、民族的理论或事物，已不仅仅只代表这个国家或民族了，它将反映更大范围内发生的变化。因此，学习型社会的发展已经不仅仅代表了某一个国家的发展意志，而是反映了世界发展的一个共同趋势。

1999 年在德国科隆举行的第 25 届国家首脑会议上，通过了《科隆宣言——终生学习的目标与展望》，该宣言写道："所有国家都面临这样的课题：如何建构学习型社会，如何保障市民掌握未来世纪所必要的知识、技能和资格。"2000 年 4 月，第二届亚太经合组织教育部长会议在新加坡召开，会议通过的联合声明——《教育为在 21 世纪创造学习化社会而努力》，声明中肯定了教育在形成学习型社会中的重要作用，并指出倡导学习型社会也有助于人们乐于接受教育变革。处在这样的环境中，中国作为世界上一个具有巨大潜力的发展大国，一个具有丰富文化历史底蕴的“文明之邦”，一个在世界经济发展中日益占有重要位置的大国，怎么可以回避创建学习型社会的问题呢？对于这样的一种世界性的发展趋势，我国也并不是一个旁观者。中国对创建学习型社会的重视程度，不亚于世界上发达国家。2001 年 5 月，江泽民在亚太经合组织人才资源能力建设高峰会议上提出“构筑终身教育体系，创建学习型社会”。2002 年 10 月，党的十六大报告提出“形成全民学习，终身学习的学习型社会，促进人的全面发展。”2003 年 10 月，党的十六届三中全会通过的《中共中央关于完善社会主义市场经济体制的决定》明确提出："构建现代国民教育体系和终身教育体系，建设学习型社会。"从 21 世纪初开始，全面构建学习型社会不仅是中国社会转型的目标，更是中国作为一个后发国家实施赶超发达国家的一项重要国家发展战略。

在理论研究指导下，创建学习型社会的实践行动已经有了一些典型的案例。瑞典在创建学习型社会方面走在世界的前列，英国从20世纪90年代初就开始创建学习型社会，探明学习型社会发展的障碍，并促进学习型社会的发展。澳大利亚从政府到企业认识到。“如果要生存下去并走向富裕，就不得不成为学习型社会……”。①其他欧洲国家也在采取积极措施向学习型社会转型。时至今日，学习型社会已在一些发达国家着手进行构建，在更多的发展中国家已成为社会发展所追求的目标。综观世界历史发展的总体过程，学习型社会对于任何一个国家来说都将成为一种难以抗拒的历史潮流。在这样一个大背景下，中国的北京、上海、大连、常州、南京、青岛等六十多个城市都提出了创建学习型城市的目标，并制定了详细的创建学习型城市实施意见和行动方案，从实践层面推动我国整体向学习型社会转型。在我国关于学习型社会理论研究中，上海明德学习型社会组织研究所在积极汲取国外先进的理论和推进全国的学习型社会理论研究的基础上，通过参考一些已初步具有学习型社会形态国家和地区的发展数据，结合我国现有的发展水平和创建学习型社会的预期目标，确立了一些可对学习型社会进行衡量的指标，这个指标体系是根据学习型社会的理想模式构建的。旨在通过这些指标检测社会运行状态，增强了实际过程的可操作性。通过这种指标量化体系的检测以确定社会发展的现状，并不断提出更高的标准，用理想化、动态化的标准体系有序地、循序渐进地引导我国学习型社会建设。

对于构建学习型社会，目前有人还在持怀疑甚至否定的态度，认为中国的社会发展状况还不足以构建这样高度自觉的社会结构，同时，国内的有关学习型社会主题的研究著作不多，而且一些实践者甚至还不知道学习型社会为何物的情况下，仅靠几篇讲话或几个指示，就忙于去构建所谓的“学习型城市”

① Fox, R. and Radloff, A. 1999. Unstuffing the curriculum to make room for lifelong learning skills. In: E. Dunne (ed). The Learn1ng Soc1ety: international Perspectives on Corn Skills in Higher Education. London: Kogan Page Limited. 130~139.

“学习型社区”或“学习型政府”等。有些人还认为学习就是教育,学习型社会就是人人都可以受教育的社会,于是片面地主张学习型社会就是构建终身教育体系和发展社区教育,以为这样就进入了学习型社会。在理论研究还不深入,理论构建还不充分、不完善的前提下,去急于构建学习型社会,笔者认为实不可取。

笔者认为,学习型社会还是一个新生事物,我们的理论在“量”上对学习型社会研究较少,在一定程度上影响了我们对学习型社会的认识,另外,对于学习型社会研究就“质”而言,也依然不太乐观,我们还缺少对于学习型社会较高质量的研究,大量的研究还仅停留在口号式的文章之中。当然,我们也拥有一些符合社会发展规律、符合人类发展需求、理论性与科学性极强的研究成果,更为可喜的是,这种研究呈现越来越多的趋势。另外,国外的一些国家和地区都在创建中初步取得了一些成功的先例,并已经形成了理论总结,我们也可以吸收借鉴,为我所用。

从世界范围来看,对学习型社会理论的研究还处于发展完善阶段,并不是一个“完成态”,所以还需要更多的研究者结合实践对学习型社会理论进行深入研究和丰富。所以我们也应坚信,学习型社会理论是符合我国向学习型社会转型的一种合理的先导性理论,为我国的社会发展指出了一条可供选择的道路。

### 二、知识和技术的基础性

20世纪下半叶以来,以高科技为主要因素的新的生产力极大地推动了社会经济的发展,引起了人们的极度关注,先进的知识、技术资源已成为最关键的资本形态,知识经济形态已渐渐显露出来并在社会的发展中扮演着越来越关键的角色。这种急剧变革所带来的对知识的“赋值”是最为明显的。著名未来学家托夫勒将其称为是“一种符号财富”,他指出,这些象征性符号表现为“市场推销能力和社会关系、公司管理的组织能力以及雇员们头脑中的那些突发奇想”,它们在一些计算机公司中的作用已达到“令人惊异”的地步。

众所周知,全球性的信息技术革命和知识扩张,已经改变了传统经济发展的路径。“在发达国家,知识部门在GDP中的比重已经超过30%,高新技术的附加值比重已经达到5%~10%。在世界总的商品贸易中,高新技术和中等技术产品份额已经上升到了54%,而初级产品所占比重仅为10%左右。目前,OECD国家中掌握高技术的“白领工人”已经占就业总人口的25%~35%。由此可知,知识和信息已经替代了物质资本、劳动力资源等传统的经济增长因素,成为当今世界经济增长和发展的主导力量。“[①]到20世纪末21世纪初,发达国家的知识密集型产业的产值跃过了国内生产总值的50%,这在产业发展史上是空前的飞跃,预示着这些国家正从工业经济时代阔步走向知识经济时代。以知识为基础的经济使社会生产力迅速地提高,发达国家出现的知识经济雏形,是建立在几百年工业经济和几十年知识革命的基础上的硕果,但同时给发展中国家提出一个同样生死攸关的问题:发展中国家在现代进程中,如果不同时实现工业化、信息化与知识化,那么迟早会出现一个非常危险的局面,即由于知识分配和交易不平等的加剧,在激烈的国际竞争中,发达国家在高新技术和知识产权方面拥有绝对的优势,而发展中国家无法与之抗衡,因而不得不处于被动的局面。

我国是世界上最大的发展中国家,刚刚跨入现代化的门槛,科学技术知识亟待提高,这个实际情况要求我们应极度重视知识经济的发展,把知识经济时代的到来作为我们发展的契机。正如江泽民同志所指出的“知识经济,创新意识,对于我们二十一世纪的发展至关重要”,“科技的发展,知识的创新,越来越决定着一个国家一个民族的发展进程”。如前所述,我国在近些年的发展中,知识和技术已经在成为经济发展的重要动力,但是,这种作用的发挥还十分有限。因此,在知识经济全球化的浪潮中,中国作为一个现化化的“后发”“外生型”国家,应以科技高新化和信息网络化为建构学习型社会的条件和基础,必须要坚

---

①《中国大战略》,胡鞍钢主编,浙江人民出版社,2003年版,第168页。

持高起点、高水平，立足于高科技，不断地开发新型的生产资源和创造巨大的物质财富，立足于信息网络化，不断地实现与世界的知识共享，提高产品科技含量，提高全民整体素质。

我国目前应通过大力提高知识创新能力，发展高新科技，从根本上解决国家生存与发展的基本能源和发展后劲问题。目前我国水资源等自然资源的稀缺已成为严重阻碍我们现代化发展的障碍，解决这些问题就必须依靠知识的力量，依靠高新科技的力量，知识的创新不仅能合理利用现有资源，而且能不断开发出新型的、适用的、富有的资源来取代已近耗竭的稀缺的自然资源，在保持自然生态平衡的前提下，实现人与自然的持续、和谐发展。目前我国的高新科技化的发展已成为我国创造巨大财富的主要产业，成为国民经济的新的增长点。如生命科学技术（产业）、新能源与可再生能源科学技术（产业），新材料科学技术（产业），空间科学技术（产业）和软科学技术（产业）等等，这些以高科技应用为主的产业越来越在国民生产中占重要地位，以巨大的生产能量满足人们的生存需要和享受需要，为人们的发展需要也创造了丰富的物质基础，使更多的人有更多的闲暇时间进行精神活动，社会的发展更加注重人的发展，“以人为本”的知识经济发展推动着中国向学习型社会转型。

按照经济发展的长波理论，从 20 世纪 80 年代末到 21 世纪的二十年，甚至更长的时间中，发达国家处于信息或知识经济的增长周期内。在此阶段上，和平与发展仍然是全球的两大主题。知识经济的发展正适应了这两大主题的要求。和平的实现需要以和平为导向来应用科学技术，注重用知识交流促使人们之间的相互了解，通过各种主体的交往消除贫困、差异和不平等，这些都有赖于对知识的有效利用来实现。在发展方面，不论是发达国家还是发展中国家，除需要进一步发展生产力之外，还都面临着另一个重大课题，即如何实现经济社会的“可持续发展”，即科技、经济、社会、自然与人的和谐发展。知识经济是可持续发展的经济。因此，知识经济不仅仅是我国实施“科教兴国”战略，而且也是历史的必然选择，我们要抓住这一有利时机，逐步把我们的现代化建设推向知识经济的轨道。

如果说高新科技产业改变和丰富着人类的生产活动，那么以高新技术为依托的信息网络化则改变着人类的社会交往活动。信息技术的应用和发展对全球人类生活方式的改变已经非常明显。联合国科技促进发展委员会(UNCSTD)信息技术与发展工作组通过对发展中国家“科学和技术创新作用”的调查，发现许多事实，信息网络化正在改造着许多发展中国家的相关部门——公司提高竞争力，国家增强了出口能力，某些发展中国家的政府正应用新的服务设施为公民提供高效的服务；而对于那些生活还很少能接触到信息技术或其生活被摒弃于全球信息技术之外的那些国家，或者是由于社会和经济的地理位置而没有感受到这些信息网络化的冲击，却得到负面影响，即社会发展相对落后，因此很难对知识经济这一持续发展型经济作出响应。也就是说，对发达国家和发展中国家来说，信息网络化已成为其与其他国家进行知识共享、信息交流的最基本、最重要的途径。只有发达的信息技术，才能获得本国持续发展所需要物质资源、金融资源、信息资源及人才资源信息等，国家之间、民族之间、个人之间的交往将超越时空的限制，走向更广阔的领域。信息网络化已经把世界储存到了电脑里，在你需要的任何时间里，“轻击鼠标，一切尽收眼底。”知识经济同以往经济相比，具有更多的不确定性，所以只有建立信息网络和实现信息网络化，才能及时有效地了解世界其他国家、民族的发展状况，获取社会发展所必需的知识资源和信息技术资源，才能保证本国能有效地参与国际竞争以及参与经济增长方式的赶超。网络信息化在教育、研究、发展和相关科学和技术服务方面的重要作用更是一笔巨大的财富，为社会发展的各个方面提供全面的信息服务。

信息网络化对一个国家中知识创新体系的构建有着重要的作用，为国家知识创新提供了更加便利和有效的信息工具，同时也为创新提供了条件和机会。由于信息网络化的发展，通常发生在固定时间、固定地点、固定人员中的学习活动，可以自由地发生在生产、分配和消费等日常活动的各个环节中，学习的非正规过程在社会中凸显出来。信息网络使每个人每天都生活在知识和信息的快速变更中,而学习者只有通过信息网络和技术来支持学习以适应各种变化,及时弥补正规学习中的个体间的差异。在我国的国家知识创新体系中,网络教育已成为我国全面推进终身教育和终身学习的有效途径,一方面,它满足了地区差异和个体差异的不同需求,能够有效地整合国家的教育资源以尽可能的服务于全社会;另一方面,及时地传播世界各国的新知识和新信息,扩宽了教育的范围,开阔了人们的视野,在取得个人发展的同时也促进了社会的进步。当前越来越多的人通过网络了解社会、了解世界,不断地学习,充实、提高自己,为自己在这个不确定的社会中更好的生存、发展打下坚实基础。

信息网络化在积累和创造物质财富的同时,也不断地丰富和满足人们的精神需要。人们在闲暇之余,可以通过网络与世界各地的人进行交流,满足人交往的需要,也可以通过网络进行自由地创作,写文章、创作音乐、绘画等,并且可以迅速地将自己的思想产品上传至网络,与他人共享,同时还可以驰骋在无限的网络空间里,选择自己的放松方式。可以说,网络为人的精神活动创造了良好条件。

我国已经认识到信息网络化作为一种极其重要的资源和技术对我国经济社会发展的重要作用,而且尽国家之所能,在社会各个领域已经不同程度地建立了信息网络体系,特别是在一些高新技术产业中,信息网络化已经为这些产业顺利运行的关键因素。信息技术的运用缩小了我们与发达国家的发展差距,甚至我们在一些高科技方面走到了世界前列。同时信息技术的运用也增强了我国对一些发达国家和一些较富有的发展中国家潜在的市场兴趣,利用市场自由化和信息与通信技术便利化的条件,推动国际贸易的不断增加。但是,也应看到,我国与发达国家之间仍存在着巨大的“数字鸿沟”,不仅面临着与世界因特网普及水平的巨大差距,同时还面临着巨大的内部差距。根据内茨哲(Nets1zer)的统计,中国仅仅拥有因特网主机数的0.13%以及因特网用户数量的6.11%,因特网的发展水平大大低于世界发展的平均水平。而且我们有限的资源还只分布在国内的一些发达城市，如北京2000年1月每万人口域名数是全国平均水平的23倍,东部地区是西部地区的8倍,呈现发展的不平衡性[①]。因此,我国在缩小“数字鸿沟”方面,仍然任重道远。

新技术革命推动了社会的急剧变化，网络延伸也催生了新的社会交往方式,二者不断的发展,有效的服务与支持了整个社会的学习,促进了学习型社会学习力的提升,缩短了知识转化为生产力的进程。从社会的整体进程中不断地提高全民创新力,不仅为社会的发展奠定了雄厚的科学与技术基础,还为我国学习型社会的构建和发展培养了具有竞争力和生命力的社会主体。

### 三、社会主体的发展性

构建高度自觉的学习型社会,必须拥有现代化的建设主体。社会是属于人的社会,社会的发展离不开人的发展。随着我国政治、经济和文化的蓬勃发展,社会主体的发展性也日益突显出来。学习型社会是一次社会主体自觉构建的历史过程,它最终改变的绝不只是社会某一单个层面,相反,它是一次社会结构的整体性变革。所以学习型社会转型能否最终实现,应当以大多数社会成员生存方式的转换为主要标志。所以对学习型社会转型起决定性作用的因素是社会发展的主体,即人民大众的教育水平、思想状况、政治选择、职业技能等等,概括地说，社会成员的素质是学习型社会转型的最基本条件。历史的发展告诉我们,“人民是历史的缔造者”“社会历史是人类创造的”“社会发展史就是一部人类发展史”。迎接知识经济时代,促进现代化的发展,实现学习型社会的转型,都是我国在新世纪发展中不可阻挡的,它更多的是社会主体的自主性、自觉性和创造性发展的需求,社会主体素质普遍提高是促发社会历史前进的主导因素,社会在满足主体需求的同时也在为自身的发展创造条件。

在1980—2000年20年间,中国总人力资本存量(指15~64岁人口与平均

①《中国大战略》,胡鞍钢主编,浙江人民出版社,2003年版,第203页。

受教育年数的乘积)翻了一番(美国需要花60年时间),占世界总量的比重由17.5%提高到24.0%,成为最具竞争优势的资源。在各类受教育水平人口中,大专以上文化人口比1982年增长了6.5倍,各类专业技术人员比1985年增长了1.8倍。中国已经从人口大国成为人力资本大国。[①]我们拥有强大的社会主体,拥有中国共产党作为构建学习型社会的坚强核心,有强大的人力资源基础等待我们去发掘,一旦这些社会建设的主体的素质得到发展和提高,那么,全社会所凝聚起来的力量将无可比拟。

我国作为一个后发型国家,社会转型的动力主要是来自于现代化先发国家的外部推动,但是从目前为止的历史事实来看,这种外部推动力量的作用是有限的,不能从根本上解决中国社会发展中存在的问题。马克思主义哲学指出,事物发展的根本因素是内因,内因是根本,外因是条件。历史的经验和教训告诉人们,"一个社会是否能够把原发型现代化社会势力从外部施加给后发型现代化社会的外部影响力转化(内化)为后发型现代化的内部动力,将是这个社会能否顺利实现社会转型的重要条件。"[②]由此我们可以看出,后发国家向学习型社会转型必须是自觉的社会实践,是社会整体意识提高的产物,必须把少数先进的知识分子和政治精英们同广大的社会民众积极地相结合,才有可能成功实现转型。对于绝大多数的社会民众来说,整体素质的提高将推进学习型社会的整体性转型。只有社会民众才是社会转型的真正主体。中国社会发展的历史也再次表明,只有和人民群众结成一个广泛的社会进步统一战线,中国社会的发展才会后劲十足,日新月异。

随着中国现代化发展进程的加快,知识经济日益成为社会发展的主要经济形态,当前中国社会的这种发展趋势,主要得益于社会主体的素质的不断提高。首先表现为社会生产力迅速提高,人们的物质生活日益丰富,从而有更多的人从繁忙的物质生产中分出时间进行自由创作等自主的社会活动。越来越多的人

①《中国大战略》,胡鞍钢主编,浙江人民出版社,2003年版,第221页。

②《中国社会转型的哲学阐释》,雷龙乾著,人民出版社,2004年版,第136页。

的思想观念发生了大的变化，开始有意识地思考对于自身目前生存状态的超越，这些主体发展意识的变化反映出人们对生活意义的价值取向改变了，在以一种发展的价值观来认识自己，认识社会。而知识经济的迅速变化也不允许社会主体保持“一生不变”的生活和工作，更多的竞争，更多的挑战和机遇使更多的人自觉地思考着自身发展的方向，思考着如何通过自身的改造才能使自己适应这样变化迅速的社会，当然，主体的这种适应并不是消极的、被动的，而是建立在主观能动性基础之上的对自身的深刻改造，在改造自身的同时，主体也在积极构建一个开放、文明的社会。

其次，信息技术向社会生活的广泛渗透，改变了人们传统的获取知识、信息的方式，改变了人们传统的社会交往方式。信息技术的发展为人们提供了获取有效知识的便利工具，丰富了人们交往的内容和途径。以网络、卫星通讯等方式为主的信息通讯技术，以开放学校、远程教育等形式的教育形式的变革，把人们从传统的教育与学习方式中解放出来，给予人们尽可能需要的知识、信息和技能，为每一个社会成员提供适应现代化的基本的生存能力，为每个人的发展创造条件。信息资源的共享性和信息技术的方便快捷，使教育资源和教育对象都超越了传统方式的限制，正在实现无限扩大的可能。通过信息技术和网络资源，人们的知识能力和认识范围得到提升和拓宽，关注更多的是个人与社会、个人与世界发展的关系，关注个体生存于其中的国家、民族的未来走向，并且通过人的学习、选择、思考、批判，不断内化为人的价值观、世界观，很容易形成牢固的社会凝聚力，自觉地建构他们理想的社会。

最后，社会主体文化素质的培养和发展也是社会主体素质提高的一个关键内容。文化素质指社会主体所具有的知识程度，也可以说是受教育程度。教育在社会主体素质的培养中起着十分重要的作用，是社会主体素质培养的主要途径，也是国家创新力量的源泉。不同时期有着不同的教育活动以满足社会主体和社会发展的需求。近二十多年来，既是我国社会发展的快速变化时期，也是我国教育改革蒸蒸日上的时期。进入知识经济时代，教育为培养适应社会和经济发展所需人才做出了巨大贡献。教育从时间上超越了以往的阶段性，即走向终身化，教育从空间上拓展出学校，延伸到社会，把个人素质的培养放到一个更广阔、更无限的时空中，尽可能地使个人素质在丰富的社会实践活动中得到提高。个人的发展离不开社会，个人素质提高的过程也是推进社会整体素质提高的过程，当社会主体素质提高到一定程度，就会自觉地要求有一种新的社会来适应其更高层次需要的发展，并通过一定的社会条件去自觉建构。因此，社会主体文化素质的培养与提高是中国向学习型社会转型的又一个主要条件，已经并在学习型社会的构建中发挥着重要作用。

笔者认为，在社会主体自觉建构学习型社会的过程中，它必然要有科学的理论做引导，有充分完备的信息和技术作支持，而且社会主体素质的提高更是其实现的有利保证，只有拥有较高素质的社会主体，才能构建高度自觉的学习型社会的社会结构，才能推动其发展，而学习型社会发展目标也始终是服务和实现社会主体的自我发展。学习型社会是人和社会持续和谐发展的社会，是人与社会发展的共同要求、共同趋势，体现了二者发展的一致性。

## 第三节　向学习型社会转型的实践

从20世纪初，我国开启学习型社会建设之路。在过去近二十年里，我国的学习型社会建设积极实践探索，相关法制建设持续推进，政策保障和经费投入力度的不断加强。现在看来，《国家中长期教育改革和发展规划纲要(2010—2020年)》提出的战略目标基本实现了，即“到2020年，基本实现教育现代化，基本形成学习型社会”。其实我国的学习型社会建设还有更为重要的战略意义。从党的十九大报告来看，学习型社会建设关系到2020年实现全面小康社会的伟大目标，涉及实现中华民族伟大复兴的中国梦。

## 一、中国学习型社会建设的基本框架

梳理中国学习型社会建设的历程，笔者发现中国学习型社会建设总会涉及终身教育和终身学习。党的十六大报告提出，要建立"全民学习、终身学习的学习型社会"。因此，学习型社会也可以被理解为"全民学习、终身学习、时时和处处可以学习的社会"。党的十七大报告强调，要"发展远程教育和继续教育，建设全民学习、终身学习的学习型社会"。党的十八大报告进一步指出，要继续"完善终身教育体系，建设学习型社会"。之所以在学习型社会建设中如此重视终身教育、终身学习，是因为终身教育和终身学习既强调教育的长度，也重视教育的宽度。终身教育不仅能够提供丰富的知识、多样的技能，而且能够为公民提供锻炼和成长的机会与平台，从而使学习者能够在真实环境中学以致用，进而促进个体解放思想、转变行为，在成长过程中解决实际问题，改善社会实践，从而实现个体与社会的共同发展。不难看出，终身教育与终身学习是一个事物的两个侧面。

除了对终身学习理念、终身教育理念、终身学习服务体系、终身教育体系的关注之外，中国的学习型社会建设还着力构建各类学习型组织。国务院多次颁发文件提出，要建立学习型城市、学习型社区、学习型企业、学习型组织。北京市委、市政府在2007年3月颁发了《关于大力推进首都学习型城市建设的决定》。随后，上海、青岛、杭州、常州等许多城市加入了建设学习型城市的行列中来。党的十七届四中全会进一步提出，要建设马克思主义学习型政党，使各级党组织成为学习型党组织，各级领导班子成为学习型领导班子。党的十八大报告提出，要建设学习型、服务型、创新型的马克思主义执政党。之所以在学习型社会建设中如此重视学习型组织的创建，是因为组织是社会的基本单元，学习型社会实际上就是由诸多学习型组织构成的。换言之，没有学习型组织的创建，没有学习型组织的叠加，就不可能形成学习型社会。

由此看来，中国学习型社会建设是从两个维度展开的。维度一是终身教育和终身学习体系，维度二是各类学习型组织。终身教育和终身学习体系关注的是中国公民的基础性学习，而各类学习型组织关注的是中国公民的专业性学习。二者不仅创造了学习文化，普及了学习理念，更重要的是提供了学习的条件、场所、内容，同时也设置了学习的目标和考核标准。

**表 4–1　学习型社会建设的基本框架**

<table>
<tr><td rowspan="15">终身教育与终身学习体系</td><td rowspan="12">终身教育体系</td><td rowspan="5">国民教育体系</td><td>3~6 岁学前教育体系</td></tr>
<tr><td>九年制义务教育体系</td></tr>
<tr><td>高中教育体系（含职业高中、中专和技校）</td></tr>
<tr><td>高等教育体系</td></tr>
<tr><td>成人教育体系（含职业教育、职业培训和继续教育）</td></tr>
<tr><td rowspan="2">非国民教育体系</td><td>党、团、青、青、妇等政治团体教育与培训体系</td></tr>
<tr><td>军队、武警等国家武装的教育与培训体系</td></tr>
<tr><td rowspan="5">社会教育体系</td><td>0~3 岁早期教育体系</td></tr>
<tr><td>图书馆、博物馆、科技馆、文化馆、公园、少年宫、纪念馆、影剧院、文化娱乐中心、爱国主义教育基地等向公众开放机构开展的社会教育机构</td></tr>
<tr><td>文化、体育、文艺、休闲、娱乐、生活和健康等内容的专门培训机构</td></tr>
<tr><td>文化创意产业，主要包括广告、建筑设计、艺术品和古董及文物交易、数码娱乐、电影与录像、音乐、表演艺术、出版、软件及计算机服务、电视广播等行业</td></tr>
<tr><td>社会公众传媒教育体系，主要包括出版社、报社、杂志社、广播台、电视台、网站、短信发布机构、微型公众平台、各类融媒体等</td></tr>
<tr><td colspan="2" rowspan="3">终身学习服务体系</td><td>从国家到社区，各级政府设立的终身学习管理机构</td></tr>
<tr><td>学习与发展指导中心（部门）和学习内容与方法的辅导中心（部门）</td></tr>
<tr><td>各级各类组织内部设立的终身学习活动的专、兼职管理机构</td></tr>
<tr><td rowspan="2">学习型组织</td><td colspan="2">紧密性学习型组织</td><td>学习型企业、学习型机关、学习型学校、学习型社团等</td></tr>
<tr><td colspan="2">松散性学习型组织</td><td>学习型城市、学习型社区（学习型区县、学习型街道（乡镇）、学习型居委会（村））等</td></tr>
</table>

从近二十年的学习型社会建设历程来看，终身教育体系中社会教育体系发展最快。社会教育是指“国家和各级地方政府以及民众团体组织为提高国民的整体素质在学校教育之外开展的各种文化教育活动或技能学习培训活动，它包

括由政府机构或民间团体和组织举办的文化教育活动或技能培训活动，利用公共文化设施进行的文化教育活动以及通过大众媒介，如电视、电台、报刊、杂志等形式进行的文化教育和技能技术的教育与培训活动。”①除此之外，终身学习服务体系发展也很快，不仅向公民提供了优质、健康的学习资源，还提高了公民学习的质量和专业水平。

根据组织的松散程度，学习型组织可以分为紧密性学习型组织和松散性学习型组织两个类别。在学习型社会建设中起着重要作用的紧密性学习型组织主要包括学习型家庭、学习型企业、学习型机关、学习型学校、学习型社团等，松散性学习型组织主要包括学习型城市、学习型社区。上述两类学习型组织在学习型社会建设过程中，相得益彰、遥相呼应，为公民提供了学习机会和学习资源。

## 二、中国学习型社会建设的基本指标

郝克明等在研究我国建设学习型社会问题时，根据普遍性、中国特色、协作性等原则，按照“条件—结构—过程—目标”四个基本指标的要求，提出了我国学习型社会建设指标的基本要点。国家教育咨询委员会委员朱新均在《学习型社会的建设路径及评价标准》一文中从终身教育体系和终身学习服务体系的形成、各种学习型组织的创建与普及等视角出发，按照科学性原则、先进性原则、现实性原则、简明性原则为中国学习型社会建设设计了基本指标。

①《我国社会教育体系亟待完善》，姜峰，《发展》，1998 年第 10 期。

表 4-2　学习型社会评价指标体系框架[①]

（以省、自治区、直辖市为评估单位，也可供评估各级学习型城市参考）

| 序号 | 一级指标 | 二级指标 | 三级指标 |
|---|---|---|---|
| | 6 项 | 26 项 | 97 项 |
| 1 | 终身学习文化的营造——学习型社会之“魂” | 1.1 终身学习物质文化的建造 | 1.1.1 终身学习的机构和载体建设度<br>1.1.2 各类学习文化的实体、载体、地域空间建设度<br>1.1.3 特色的学习景观塑造度<br>1.1.4 终身学习物质产品的展示度 |
| | | 1.2 终身学习制度文化的建设 | 1.2.1 建立和完善终身学习活动制度<br>1.2.2 建立和完善终身学习保障条件制度<br>1.2.3 建立和完善终身学习检查评价制度 |
| | | 1.3 终身学习精神文化的培育 | 1.3.1 提升社会成员终身学习的认知成分<br>1.3.2 增强社会成员终身学习的情感成分<br>1.3.3 确立社会成员终身学习的价值观 |
| 2 | 学习型组织的创建——学习型社会之“基” | 2.1 学习型政党组织的创建 | 2.1.1 学习型党组织创建率<br>2.1.2 民本位文化建设度<br>2.1.3 社会民众对执政党满意度 |
| | | 2.2 学习型政府的创建 | 2.2.1 学习型政府机关创建率<br>2.2.2 服务文化建设度<br>2.2.3 社会民众对政府满意度 |
| | | 2.3 学习型社区的创建 | 2.3.1 学习型社区创建率<br>2.3.2 学习型社区创建的领导管理度<br>2.3.3 学习型社区创建的条件保障度<br>2.3.4 学习型社区创建成效度 |
| | | 2.4 学习型企事业单位的创建 | 2.4.1 学习型企事业（单位）创建率<br>2.4.2 学习型企事业（单位）创建的领导管理度<br>2.4.3 学习型企事业（单位）创建的条件保障度<br>2.4.4 学习型企事业（单位）创建成效度 |
| | | 2.5 学习型团体的创建 | 2.5.1 学习型团体创建率<br>2.5.2 学习型团体创建成效度 |
| 3 | 终身教育体系和学习服务体系的构筑——学习型社会之“架” | 3.1 各类教育的协调发展 | 3.1.1 制定终身教育法律法规<br>3.1.2 建立统筹协调领导机构<br>3.1.3 编制协调发展的教育规划<br>3.1.4 建立现代化的学校教育体系<br>3.1.5 社会教育培训机构和学习型组织的教育培训机构的完善度 |

① 朱新均，学习型社会的建设路径及评价标准[EB/OL].http://old.moe.gov.cn/publicfiles/business/htmlfiles/moe/s6634/201207/139442.html 2012-07-17/2019-07-19。

（续表）

| 序号 | 一级指标 | 二级指标 | 三级指标 |
| --- | --- | --- | --- |
| | 6 项 | 26 项 | 97 项 |
| 3 | 终身教育体系和学习服务体系的构筑——学习型社会之“架” | 3.2 终身教育“立交桥”的构建 | 3.2.1 建立和完善“学分银行”<br>3.2.2 建立和完善初中后学历教育沟通衔接制度<br>3.2.3 实现社会终身学习成果的认定和转换度 |
| | | 3.3 教育系统与其他社会系统的沟通协调 | 3.3.1 编制整体规划<br>3.3.2 开展整体评估<br>3.3.3 校企合作度<br>3.3.4 校社合作度<br>3.3.5 学校社会教育培训机构合作度<br>3.3.6 各级各类学校面向全民终身学习的开放度 |
| | | 3.4 社会学习平台的建设 | 3.4.1 编制建设规划<br>3.4.2 建成终身学习网络<br>3.4.3 完善各类文化设施和媒体建设<br>3.4.4 建立投入机制 |
| | | 3.5 社会学习资源的建设 | 3.5.1 编制建设规划<br>3.5.2 形成合作模式<br>3.5.3 建立和完善激励机制<br>3.5.4 社会学习资源的满足度<br>3.5.5 深化理论研究 |
| 4 | 合力式机制的形成——学习型社会之运行机制 | 4.1 党政推动力 | 4.1.1 建立领导机构<br>4.1.2 编制发展规划<br>4.1.3 制定法律法规政策<br>4.1.4 建设社区教育机构系统<br>4.1.5 建立工作者队伍<br>4.1.6 保证经费投入 |
| | | 4.2 市场运作力 | 4.2.1 教育培训市场成熟度<br>4.2.2 教育培训市场贡献度 |
| | | 4.3 社会参与力 | 4.3.1 单位组织参与率<br>4.3.2 社会社团参与率<br>4.3.3 社会社团作用发挥度 |
| | | 4.4 教育支撑力 | 4.4.1 教育机构向社会开放率<br>4.4.2 教育机构对家庭教育、社会教育的参与度 |
| | | 4.5 社会民众主体力 | 4.5.1 建立社会（区）志愿者队伍<br>4.5.2 社会（区）成员的参与率<br>4.5.3 社会成员评价参与率<br>4.5.4 社会（区）成员满意率 |

（续表）

| 序号 | 一级指标 | 二级指标 | 三级指标 |
| --- | --- | --- | --- |
| | 6项 | 26项 | 97项 |
| 5 | 全民终身学习活动的蓬勃开展——学习型社会之基本特性 | 5.1 学习和教育培训活动全员性 | 5.1.1 全员培训率<br>5.1.2 下岗失业待业人员培训率<br>5.1.3 进城务工人员培训率<br>5.1.4 其他社会成员教育培训率 |
| | | 5.2 学习和教育培训活动全程性 | 5.2.1 幼儿入园率<br>5.2.2 义务教育达标率<br>5.2.3 高中阶段教育毛入学率<br>5.2.4 高等教育毛入学率<br>5.2.5 从业人员培训率<br>5.2.6 城乡社区老年人群培训率 |
| 6 | 社会及成员发展——学习型社会之成效 | 6.1 社会成员整体素质提高 | 6.1.1 终身学习理念增强<br>6.1.2 公民素质提升<br>6.1.3 主要劳动年龄人口平均受教育年限数 |
| | | 6.2 社会成员价值实现度提高 | 6.2.1 社会成员就业率<br>6.2.2 社会成员潜能开发率<br>6.2.3 社会成员特长发挥率<br>6.2.4 社会成员专利指数<br>6.2.5 人均国际论文发表数 |
| | | 6.3 社会成员生活质量提高 | 6.3.1 社区成员读书指数<br>6.3.2 社会成员幸福指数<br>6.3.3 人类发展指数(HD1) |
| | | 6.4 社会文明度提高 | 6.4.1 文明社区的建成率<br>6.4.2 形成崇尚学习、积极向上的社会风尚<br>6.4.3 形成与时俱进而富有特色的社会文化风格 |
| | | 6.5 社会创新度提高 | 6.5.1 知识创新指数<br>6.5.2 专利申请授权数<br>6.5.3 高新技术产品开发项目数 |
| | | 6.6 社会和谐和凝聚度提高 | 6.6.1 社会案件发生率<br>6.6.2 多元文化融合指数<br>6.6.3 社会和谐指数<br>6.6.4 社会凝聚指数 |

## 三、中国学习型社会建设的制度保障

俗话说，没有规矩，不成方圆。具体到学习型社会而言，只有确立科学规章制度，才能统整所有的教育和学习资源，才能引领学习型社会建设。近二十年来，我国围绕学习型社会建设制定、完善了一系列的制度。

（一）开放和灵活的入学制度

近年来，各地逐步实行开放入学、灵活入学的制度。专科以及专科以下教育要逐步降低入学门槛，通过多种形式注册就读。允许学生分阶段完成正规或非正规的学业，鼓励在职工作人员就读灵活的高等教育课程。

（二）学分转换和学分银行制度

为了配合开放和灵活的入学制度，各地逐步建立学分转换制度和学分银行制度，方便学习者的学习。学分转换制度，就是在经由认证评估组织认证的高等学校之间，学生可以进行校际学分转换，从一定层次的学校转入平级或高层次的学校学习。这种制度可以满足学生的个性化需求，可以根据个体的学习、工作情况以适应教育提出的不同要求。学分银行制度，就是学习者可以将获得的文凭证书等经过学校审查转换为学分，存入学分银行。学分可以累积，达到一定程度，就可以转为正式攻读学位课程，并可以最终获得学位。

（三）鼓励企业和个人对人力资本的投入制度

国家建立人力资源培训投资经费所得税抵扣制度，鼓励企业和个人对人力资源开发的投入。随着知识社会的到来，企业和个人对多元培训的需求将不断增强，通过所得税抵扣制度，能够有效地激励并满足日益增长的教育培训需求。

（四）公共设施"零阻碍"开放制度

各级政府利用公共资源投入建设的公共设施，要真正成为学习型社会全体公民的学习场所。各级政府要建立公共设施"零拒绝、零阻碍"的开放制度，以拓展学生的生活经验和社会实践能力，让社会和生活以一种"原生态课程资源"为学生的成长和发展提供服务，以促进学生人格和智能的协调发展。通过政策性的项目支持、鼓励社会力量投资学习型公共设施建设，使所有社区的学校机构、政府机构、科技馆、图书馆、博物馆、美术馆等公共设施，逐步实现向全体公民开放，特别是向中小学生开放。

# 第五章　支撑学习型社会构建的终身教育体系建设

## 第一节　我国终身教育体系建设

1994 年 3 月,《中华人民共和国教育法》颁布。其中第 11 条规定“国家逐步建立和完善终身教育体系”。1999 年 6 月,在第三次全国教育工作会议上的讲话中,时任中共中央总书记江泽民对终身学习作了较清晰的表述他指出:“终身学习是当今社会发展的必然趋势。2002 年,党的十六大报告中提出,“形成比较完善的现代国民教育体系”,“形成全民学习、终身学习的学习型社会,促进人的全面发展”。这是党的人民代表大会报告中第一次明确提出建设学习型社会的战略目标。此后,终身教育体系被纳入学习型社会中来,并得到了长足的发展。

### 一、终身教育体系的构成

从学习型社会的基本框架看,终身教育体系主要由国民教育体系、非国民教育体系、社会教育体系三个子系统组成。其中,国民教育体系由 3~6 岁学前教育、九年制义务教育、高中教育(含职业高中、中专和技校)、高等教育和成人教育(含职业教育、职业培训和继续教育)五个层次构成。

2010 年 6 月,国务院颁发了《国家中长期教育改革和发展规划纲要(2010—2020)》,同年 11 月颁发了《关于当前发展学前教育的若干意见》。这两部文件将学前教育提升到“国民教育体系重要组成部分”的地位上,从而使我国国民教育体系由原来的四层次发展为包括3~6岁学前教育在内的五层次。非国民教育一般由民办高校、独立院校、党校、军事院校等教育机构来完成。社会教育体系以其无所不在的渗透力存在于公民的社会生活中，是国民教育体系的有效补充。彭坤明指出，社会教育体系具有三个基本特征，“一是指发展的统筹性，重点是加强社会教育的总体规划；二是指资源的共享性，重点是建立社会教育的开机制；三是指功能的互补性，重点是探索社会教育的合作模式”①。

终身教育体系建设带来的不仅仅是增加社会成员的学习机会，优化学习资源，提高国民整体素质，更重要的是，终身学习可以为经济和社会发展及社会成员的现代生活方式与发展提供极大的支撑和可能，成为社会和经济发展的动力源泉。

## 二、我国国民教育的现状

如前文所述，终身教育体系主要由国民教育体系、非国民教育体系、社会教育体系三个子系统构成。其中，国民教育体系的比重最大，发展现状最易测量和统计。接下来，笔者具体呈现我国国民教育的现状。

（一）全国教育事业总体进展（2018年）②

1.教育总规模

全国共有各级各类学校51.89万所，比上年增加了5128所；各级各类学历教育在校生2.76亿人，比上年增加了535.97万人；各级各类学校共有专任教师1673万人，比上年增加了46万人。全国各级教育普及水平不断提高，国民受教育机会进一步扩大。学前教育毛入学率81.7%，比上年提高2.1个百分点；小学学龄儿童净入学率99.95%，比上年提高0.04个百分点；初中阶段毛入学率100.9%；高中阶段毛入学率88.8%，比上年提高0.5个百分点；高等教育毛入学

①《开放大学建设再论》，彭坤明著，中央广播电视大学出版社，2015年版，第234页。

② 教育部发展规划司.2018年全国教育事业发展基本情况年度发布[EB/OL].http://www.moe.gov.cn/fbh/live/2019/50340/sfcl/201902/t20190226_371173.html.2018-02-26/2018-09-16。

率 48.1%，比上年提高 2.4 个百分点。

2.学前教育继续较快发展，普惠性幼儿园快速增加

2018 年，全国共有幼儿园 26.67 万所，比上年增长 4.6%。其中，普惠性幼儿园 18.29 万所，比上年增长 11.14%，普惠性幼儿园占全国幼儿园的比重为 68.57%。

全国共有入园儿童 1863.91 万人，比上年下降 3.82%；在园幼儿 4656.42 万人，比上年增长 1.22%。其中，普惠性幼儿园在园幼儿 3402.23 万人，比上年增长 4.72%，占全国在园幼儿的比重为 73.07%。

全国幼儿园共有专任教师 258.14 万人，比上年增长 6.14%。其中，专任教师接受过学前教育专业的比例为 70.94%。

3.义务教育普及水平保持高位，大班额、超大班额比例继续下降

2018 年，全国共有义务教育阶段学校 21.38 万所，比上年下降 2.33%。九年义务教育巩固率 94.2%，比上年提高 0.4 个百分点。

（1）小学阶段

全国共有普通小学 16.18 万所，比上年下降 3.11%。全国普通小学招生 1867.30 万人，比上年增长 5.70%；在校生 10339.25 万人，比上年增长 2.43%。小学毕业生升学率 99.1%，比上年提高 0.3 个百分点。

全国普通小学共有专任教师 609.19 万人，比上年增长 2.47%；专任教师学历合格率 99.97%；专任教师中本科及以上学历的比例为 59.12%。

全国普通小学（含教学点）共有校舍 78619.53 万平方米，比上年增加 3531.07 万平方米。全国普通小学设施设备配备达标的学校比例情况分别为：体育运动场（馆）面积 88.47%，体育器械 94.23%，音乐器材 93.89%，美术器材 93.70%，数学自然实验仪器 93.72%。接入互联网的学校比例 97.82%，拥有心理辅导室的学校比例 61.48%，各项比例比上年均有提高。

全国普通小学共有班数 275.39 万个，比上年增加 7.02 万个。其中，大班额（56 人及以上）17.87 万个，比上年减少 6.05 万个，大班额占总班数的比例为

6.49%，比上年下降2.42个百分点。

（2）初中阶段

全国共有初中5.20万所，比上年增长0.17%。全国初中招生1602.59万人，比上年增长3.58%；在校生4652.59万人，比上年增长4.74%。初中毕业生升学率95.2%。

全国初中共有专任教师363.90万人，比上年增长2.54%；专任教师学历合格率99.86%；专任教师中本科及以上学历的比例为86.22%。

全国初中共有校舍64368.13万平方米，比上年增加3361.39万平方米。全国初中设施设备配备达标的学校比例情况分别为：体育运动场（馆）面积92.58%，体育器械95.91%，音乐器材95.45%，美术器材95.21%，理科实验仪器95.64%。接入互联网的学校比例98.96%，拥有心理辅导室的学校比例81.77%，各项比例较上年均有提高。

全国初中共有班数100.10万个，比上年增加5.28万个。其中，大班额（56人及以上）8.63万个，比上年减少4.27万个，大班额占总班数的比例为8.62%，比上年下降4.98个百分点。

4.高中阶段教育普及攻坚稳步推进，基本办学条件进一步改善

2018年，全国高中阶段共有学校2.44万所，比上年下降0.76%。全国高中阶段教育招生1352.12万人，比上年下降2.20%；在校生3931.24万人，比上年下降1.00%。

全国普通高中共有学校1.37万所，比上年增加182所；招生792.71万人，比上年下降0.92%；在校生2375.37万人，比上年增长0.03%。

全国中等职业教育（含技工学校，技工学校数据由2017年数据替代）共有学校1.03万所，比上年减少331所；招生559.41万人，比上年下降3.95%；在校生1551.84万人，比上年下降2.55%。中等职业教育招生占高中阶段教育招生的比例为41.37%。

普通高中专任教师181.26万人，比上年增长2.18%。专任教师学历合格率

98.41%,比上年提高0.26个百分点。中等职业教育专任教师83.43万人,比上年下降0.59%。专任教师本科及以上学历的比例为92.10%,比上年提高0.52个百分点;"双师型"教师比例占30.65%,比上年提高0.66个百分点。

全国普通高中共有校舍54206.05万平方米,比上年增加2694.31万平方米。设施设备配备达标的学校比例情况分别为:体育运动场(馆)面积91.77%,体育器械93.84%,音乐器材92.71%,美术器材92.91%,理科实验仪器93.70%。接入互联网的学校比例98.78%,拥有心理辅导室的学校比例88.13%,各项比例比上年均有提高。

5.高等教育规模继续呈现稳步发展态势,高等教育结构进一步优化

2018年,全国共有普通高校2663所(含独立学院265所),比上年增加32所。其中,本科院校1245所,比上年增加2所;高职(专科)院校1418所,比上年增加30所。另有研究生培养单位815个。各种形式的高等教育在学总规模3833万人。

全国普通本专科共招生790.99万人,比上年增长3.87%。其中,普通本科招生422.16万人,比上年增长2.78%;普通专科招生368.83万人,比上年增长5.16%。全国普通本专科共有在校生2831.03万人,比上年增长2.81%。其中,普通本科在校生1697.33万人,比上年增长2.95%;普通专科在校生1133.70万人,比上年增长2.60%。

全国共招收研究生85.80万人,比上年增长6.43%。其中,招收博士生9.55万人,硕士生76.25万人。在学研究生273.13万人,比上年增长3.47%。其中,在学博士生38.95万人,在学硕士生234.17万人。

全国共招收成人本专科273.31万人,比上年增长25.64%;在校生590.99万人,比上年增长8.61%。招收网络本专科320.91万人,比上年增长12.16%;在校生825.66万人,比上年增长12.19%。

全国普通高等学校共有专任教师167.28万人,比上年增长2.42%;成人高等学校专任教师2.19万人,比上年下降8.68%。普通高校研究生以上学位教师

比例为73.65%,比上年提高1.68个百分点。

普通高校校舍建筑面积86690.57万平方米,比上年增长1.77%。另有由学校独立使用的非学校产权建筑面积11022.99万平方米。普通高校生均占地面积58.66平方米;生均校舍建筑27.75平方米;生均教学科研仪器设备值为15714.28元。

6.特殊教育体系进一步完善,学校数和接受特殊教育的学生数继续增加

2018年,全国共有特殊教育学校2152所,比上年增长2.1%。全国共招收各种形式的特殊教育学生12.35万人,比上年增长11.43%;在校生66.59万人,比上年增长15.05%。其中,附设特教班在校生3316人,占特殊教育在校生的比例为0.50%;随班就读在校生32.91万人,占特殊教育在校生的比例为49.41%;送教上门在校生11.64万人,占特殊教育在校生的比例为17.48%。

全国特殊教育学校共有专任教师5.87万人,比上年增长4.78%。受过特教专业培训的专任教师比例为75.65%,比上年提高2.32个百分点。

7.民办教育较快发展,规模与占比稳中有进

2018年,全国共有各级各类民办学校18.35万所,占全国比重35.35%;各类在校学生5378.21万人,占全国比重19.51%。

其中,民办幼儿园16.58万所,比上年增加5407所,占全国比例62.16%;在园幼儿2639.78万人,比上年增长2.62%,占全国比例56.69%。

民办普通小学6179所,比上年增加72所,占全国比例3.82%;在校生884.57万人,比上年增长8.65%,占全国比例8.56%。

民办初中5462所,比上年增加185所,占全国比例10.51%;在校生636.30万人,比上年增长10.15%,占全国比例13.68%。

民办普通高中3216所,比上年增加214所,占全国比例23.41%;在校生328.27万人,比上年增长7.19%,占全国比例13.82%。

民办中等职业学校1993所(不含技工学校数据),比上年减少76所,占全国比例25.39%;在校生209.70万人,比上年增长6.27%,占全国比例17.28%。

民办普通高校 749 所(含独立学院 265 所),比上年增加 3 所,占全国比例 28.13%。普通本专科在校生 649.60 万人，比上年增长 3.36%，占全国比例 22.95%。硕士研究生在学 1490 人。

## 三、终身学习服务体系

近二十年来,日益丰富的终身学习服务平台逐渐使终身学习服务体系丰满起来。在我国,终身学习服务平台除了传统的学校体系和社会教育服务机构之外,主要有开放大学、网络教育学院、MOOC 等。

(一)开放大学

开放大学是在广播电视大学的基础上转型而来。“开放大学的成立不仅源自于我国经济、社会与教育的转型发展需求,也源自于打破我国广播电视大学发展瓶颈的需求。”[①]学习型社会建设就是最直接的需求。2012 年 6 月,教育部批复同意在中央广播电视大学基础上建立国家开放大学，并相继将北京广播电视大学、上海电视大学、广东广播电视大学、江苏广播电视大学和云南广播电视大学更名为北京开放大学、上海开放大学、广东开放大学、江苏开放大学和云南开放大学。在教育部的批复中,将开放大学定位为“以现代信息技术为支撑,主要面向成人开展远程开放教育的新型高等学校”,并要求其“努力满足人民群众多样化、个性化的学习需要,为探索构建灵活开放的终身教育体系做出应有的贡献”。

接下来,笔者以国家开放大学为例,认识开放大学在终身学习体系中的作用。

国家开放大学是在中央广播电视大学和地方广播电视大学的基础上组建,以现代信息技术为支撑,办学网络立体覆盖全国城乡,学历与非学历教育并重,面向全体社会成员,没有围墙的新型大学。中共中央政治局委员、国务委员刘延

---

①《中国教育改革大系 终身教育卷》,韩民主编、吴遵民副主编,湖北教育出版社,2016 年版,第 185 页。

东在国家开放大学揭牌时发表的讲话指明了国家开放大学的职责和任务。她指出,国家开放大学要以现代信息技术为支撑,整合共享优质教育资源,创新教育教学模式,办好中国特色的开放大学,为社会成员提供更加灵活便捷公平开放的学习方式和多层次多样化的教育服务,为建设学习型社会和教育强国、人力资源强国作出积极贡献。

近年来,国家开放大学一直致力于实现有支持的开放式学习,探索以学习者为中心,基于网络自主学习、远程学习支持服务与面授辅导相结合的新型学习模式。以需求为导向,以能力培养为核心,改革教学内容和课程体系,与行业企业合作,科学、灵活、有针对性地开设国家开放大学特色专业。改进教学方法,为学习者提供集多媒体资源、教学交互、学习评价和学习支持服务于一体的、优质网络课程。通过遍布全国的学习中心提供面授辅导,也可以通过高清、快速的双向视频系统促进师生实时交流,为学习者提供随时随地的远程学习支持服务。推进以终结性考试为主向形成性考核为主的多元评价模式转变。

(二)网络教育学院

2000 年 7 月,教育部颁发了《关于支持若干所高等学校建设网络教育学院开展现代远程教育试点工作的几点意见》。文件指出,“拟建设者网络教育学院的试点学校,应在校内开展网络教学工作的基础上,通过现代网络,向社会提供内容丰富的教育服务”。网络教育学院要承担 5 项主要任务:开展学历教育,开展非学历教育,探索网络教学模式,探索网络教学工作的管理机制、协作开发丰富的高质量的网上教学资源、试题库及网上测试系统。2000 年,教育部批准清华大学、北京大学等 68 所高等学校开展现代远程教育试点。2005 年,清华大学停招网络教育学历学生,2018 年,北京大学、中山大学、浙江大学全面停招网络教育学历学生、哈尔滨工业大学暂停网络教育学历招生,转向在职非学历教育培训为主。至此,全国有 63 所教育部批准的重点大学为试点高校开办网络学历教育。从网络教育学院的发展趋势来看,它将会越来越多地承担非学历教育。

接下来,笔者以北京外国语大学网络教育学院(简称“北外网院”)为例,呈现我国网络教育学院的发展态势。

北外网院自成立以来秉承北外严谨治学的一贯作风，积极利用北外丰富的学习资源和教学优势，并结合现代网络的技术优势，全面开展多专业学历学位教育和各类培训项目，成功构建了集学历和非学历教育为一体的多层次、多模式、全方位的网络教育体系。

北外网院独创出“模块制多证教育体系”以及多媒介、多模态和多环境集成的学习系统设计，通过分析学习者的学习生态，为他们提供包括学历/学位教育、国际职业英语证书培训、青少英语培训、留学预科/初高中国际班、在线英语培训、英语教师培训、企业英语培训、VIP英语培训、小语种培训等教育项目，真正做到了外语学习的“五个任何”：任何人、任何时间、任何地点、任何方式、任何需求。

在教育产品研发领域，北外网院致力于为中国网络教育提供一流教学内容、技术支持和服务，数年来潜心开发出一系列拥有自主知识产权的学习平台和各类教育软件产品。

北外在线（北京）教育科技有限公司（简称“北外在线”）成立于2001年，是外语教学与研究出版社（简称外研社）全资控股的国家高新技术企业，是北外网院指定技术服务提供商。多年来，北外在线依托北外和外研社的强大师资力量与教学资源，致力于为教育行业提供技术和资源研发、教学内容支持及服务；为各级各类学校、企事业单位和广大语言学习者提供专业的在线学习解决方案。作为中国教育信息化服务的领导品牌，北外在线“以学术科研为后盾，做中国最懂教育的技术公司”为发展理念，已成为远程在线教育服务领域的一面旗帜。基于服务北外网院多年的现代远程教育经验，其推出的“北外在线·教育信息化服务项目”得到了广泛好评，可帮助各类学校实现教务管理规范化、教学模式网络化、教学资源数字化、教师发展国际化的目标，助力学校教育信息化事业的发展。其推出的针对个人学习者的外语学习一站式平台“北外网课”（www.beiwaiclass.com），更是受到了广大学习者的青睐，已成为“中国人学习外语的理想网校”。

从北外网院的发展来看，网络教育需要学员有很强的自制力和自主性，能自主计划和安排学习，采用名师授课，共享名校优秀教学资源。不仅为社会人员提供终身学习的资源和平台，而且能营造终身学习的氛围。网络学院一般在全国各地都设置有校外学习中心，学员可就近报名学习。由于可以利用业余时间学习，特别适合一边工作一边自我提升的学员。

（三）MOOC

MOOC（massive open online courses）即大型开放式网络课程，人们通常称其为慕课。从2008年开始，一大批教育工作者，包括来自玛丽华盛顿大学的Jim Groom教授以及纽约城市大学约克学院的Michael Branson Smith教授都采用这种课程结构，并且成功地在全球各国大学主办了他们自己的大规模网络开放课程。2013年5月，清华大学与美国在线教育平台edX同时宣布，清华大学正式加盟edX，成为edX的首批亚洲高校成员之一。2013年7月，复旦大学、上海交通大学签约“MOOC”平台Coursera。同年，果壳网旗下MOOC学院上线。MOOC学院是最大的中文MOOC学习社区，收录了1500多门各大MOOC平台上的课程。有50万学习者在这里点评课程、分享笔记、讨论交流。2013年10月10日，清华大学正式推出“学堂在线”平台，面向全球提供在线课程。2014年4月29日，“学堂在线”与edX签约，引进哈佛、MIT、加州伯克利、斯坦福等世界一流大学的优秀MOOC课程。2015年3月18日，南京大学首批4门“慕课”上线国际平台Coursera，成为国内第五所加入国际“慕课”平台的高校。2014年5月，由网易云课堂承接教育部国家精品开放课程任务，与爱课程网合作推出的“中国大学MOOC”项目正式上线。

经过6年的快速发展，我国慕课的课程数量和应用规模均居于世界前列。2019年4月9日，中国慕课大会在北京召开。会议指出，“我国已有12500门慕课上线，学习人数超过2亿人次，慕课数量和应用规模居世界第一。”[①]慕课以开

① 我国慕课数量和应用规模世界第一[EB/OL].http://bjrb.bjd.com.cn/html/2019-04/10/content_11877367.htm,2019.04.09/2019.10.02.

放、共享、受众多为显著特征，这无疑为学习型社会的建设提供了重要支撑。接下来，笔者以学堂在线为例介绍 MOOC 平台的发展态势。

学堂在线是清华大学于 2013 年 10 月发起建立的中国首个慕课平台，是教育部在线教育研究中心的研究交流和成果应用平台，是国家首批双创示范基地项目，是中国高等教育学会教育创新校企合作研究分会副秘书长单位，也是联合国教科文组织（UNESCO）国际工程教育中心（ICEE）的在线教育平台。目前，学堂在线运行了来自清华大学、北京大学、复旦大学、中国科技大学，以及麻省理工学院、斯坦福大学、加州大学伯克利分校等国内外一流大学的超过 1900 门优质课程，覆盖 13 大学科门类。

学堂在线主要从高等教育培养解决方案、就业及终身学习解决方案、人才培养衔接解决方案三个范畴为学习型社会提供支撑。既有效地拓展了国民教育的范畴，又增加了社会教育的机会，全方位地为学习型社会建设提供支撑。

## 第二节　学习型组织

根据组织的松散程度，笔者将学习型组织分为紧密性学习型组织和松散性学习型组织两个类别。在学习型社会建设中，发挥重要作用的紧密性学习型组织主要包括学习型家庭、学习型企业、学习型机关、学习型学校、学习型社团等，松散性学习型组织主要包括学习型城市、学习型社区。上述两类学习型组织在学习型社会建设过程中，相得益彰、遥相呼应，为公民提供了学习机会和学习资源。接下来，我们主要介绍学习型城市和学习型社区的发展。

### 一、学习型城市

（一）学习型城市的创建

从我国学习型城市建设的历程来看，顶层设计和基层实践是并向而行的。

从顶层设计来看，早在 2002 年 5 月，中共中央办公厅、国务院办公厅下发的《2002—2005 年全国人才队伍建设规划纲要》就提出了创建学习型城市的号召。2003年12月发布的《关于进一步加强人才工作的决定》和2004年3月国务院发布的《2003—2007年教育振兴行动计划》又提出要开展创建“学习型城市”活动。2014年8月，教育部等七部门联合印发了《关于推进学习型城市建设的意见》(以下简称《意见》)。作为我国推进学习型城市建设工作的第一份政策性文件，《意见》对推进我国学习型城市建设工作进行了全面部署。具体来看，重点阐明了学习型城市建设七个方面的主要任务：一是大力培育和践行社会主义核心价值观，凝聚全社会价值共识；二是构建终身教育体系，促进各类教育融合开放；三是加强企事业单位职工教育培训，提高从业人员能力素质；四是广泛开展城乡社区教育，推动社会治理创新；五是推进各类学习型组织建设，增进社会组织活力；六是统筹开发社会学习资源，促进学习资源开放共享；七是有效应用现代信息技术，拓展学习时空。为了完成这些任务，从领导管理体制、法规制度、工作队伍、经费投入、学习文化、评价监测与国际交流等多方位提出强有力对策举措，还对进一步推进学习型城市建设工作作了规划。

从基层实践来看，很多地方在20世纪末就举起了建设学习型城市的大旗。在全国诸多的城市中，上海最先吹响了“创建学习型城市”的号角。1999年9月，上海市召开迎接21世纪的教育工作会议，市长在会议上做出“努力把上海建成适应新时代的学习型城市”的重要决定。2000年8月30日，新华社发表长篇通讯文章《上海：向学习型城市迈进》。此后，学习型城市的理念开始向全国传播。北京市在2000年提出构建学习型社会的基本框架，2001年向市民发起“建设学习型城市”的号召。随后，大连市(2001年)、常州市(2001年)、南京市(2002年)、青岛市(2002年)、杭州市(2002年)、郑州市(2004年)、西安市(2004年)等城市开启了学习型城市建设之路。据不完全统计，迄今为止，我国已有一百多个城市宣布开展创建学习型城市活动，其中有三十多个城市提出了专门意见或做出专门决定。

在教育部的大力支持下，中国成人教育协会和中国联合国教科文组织全国委员会会秘书处共同发起成立了“全国学习型城市建设联盟”，并于2013年7

月 8 日在北京举行了成立大会。大会通过了《全国学习型城市建设联盟章程》和《全国学习型城市建设联盟宣言》两个纲领性文件，确认北京、天津、上海、重庆、邯郸、太原、包头、巴彦淖尔、沈阳、大连、长春、哈尔滨、齐齐哈尔、常州、杭州、宁波、温州、合肥、马鞍山、济南、郑州、武汉、长沙、岳阳、深圳、广州、珠海、南宁、海口、成都、西安、宝鸡、克拉玛依等 33 个城市为“全国学习型城市建设联盟”首批成员。截至 2015 年 10 月 21 日，“全国学习型城市建设联盟”已经发展了 51 个城市成员。

学习型城市是通过实施全民终身学习和学习型组织建设，实现城市包容性可持续发展、各类组织创新发展和广大市民全面发展的城市。建设学习型城市就是在城市辖区内建设学习型社会。学习型城市建设是学习型社会建设的重要组成部分，它涉及市民全面发展、区域内组织创新发展和城市自身包容性可持续发展三个方面。

(二)学习型城市的评价标准

学习型城市在建设中，需要科学的评价标准引导其发展。为此，许多研究者都根据学习型城市建设的现状，围绕学习型城市建设的目标，设计学习型城市的评价标准。吴晓川等人在《学习型城市建设指标体系研究》一书中推出了学习型城市建的初级、中级、高级三个阶段的指标体系。在此，笔者选择中级阶段的指标体系呈现如下。

**表 5-1　学习型城市建设中级阶段指标体系**

| 一级指标 | 二级指标 | 三级指标 |
|---|---|---|
| 1. 投入与条件保障 | 1.1 学习宣传 | 1.1.1 政府管理者的学习与认识水平 |
| | | 1.1.2 学习型城市建设的宣传 |
| | 1.2 保证组织 | 1.2.1 学习型城市建设的领导组织机构 |
| | | 1.2.2 各区县的管理机构和责任人 |
| | 1.3 建设制度 | 1.3.1 学习型城市建设的规划及制度 |
| | | 1.3.2 终身教育“立交桥”制度建设 |
| | 1.4 经费投入 | 1.4.1 公共教育支出占 GDP 的比例(%) |
| | | 1.4.2 人均教育事业费(元) |

**续表**

| 一级指标 | 二级指标 | 三级指标 |
|---|---|---|
| 1. 投入与条件保障 | 1.4 经费投入 | 1.4.3 研究与实验发展经费内部支出相当于 GDP 的比重(%) |
| | | 1.4.4 家庭教育文化娱乐服务支出占消费性支出的比例(%) |
| | | 1.4.5 学习型城市建设专项经费人均标准(元/年) |
| | 1.5 人力资本投入 | 1.5.1 每万人劳动力中研发人员全时当量(人年) |
| | | 1.5.2 各级各类专职教育工作者占劳动人口的比例(%) |
| | | 1.5.3 终身学习参与度(%) |
| | 1.6 服务网络与基地 | 1.6.1 市、区(县)、街镇(乡)、社区(村)四级教育培训体系 |
| | | 1.6.2 平均每百万人拥有教育培训机构数(个) |
| | 1.7 居民学习资源 | 1.7.1 有线电视入户率(%) |
| | | 1.7.2 每百户城镇家庭计算机拥有台数(台) |
| | | 1.7.3 电话普及率(含移动电话)(部/百人) |
| | | 1.7.4 平均每百户互联网宽带接入数(个) |
| 2. 终身教育体系与终身学习服务体系建设 | 2.1 国民教育发展 | 2.1.1 学前三年毛入园率(%) |
| | | 2.1.2 义务教育毛入学率(%) |
| | | 2.1.3 高中阶段教育毛入学率(%) |
| | | 2.1.4 中等职业教育在校生占高中阶段在校生的比例(%) |
| | | 2.1.5 高等职业教育招生数占高等教育招生总数的比例(%) |
| | 2.2 继续教育与培训 | 2.2.1 每 10 万人在校大学生数(名) |
| | | 2.2.2 以终身教育理念为指导的教育改革情况 |
| | | 2.2.3 城乡社区教育参与率(%) |
| | | 2.2.4 企业职工教育参与率(%) |
| | | 2.2.5 农民成人教育参与率(%) |
| | | 2.2.6 干部教育参与率(%) |
| | | 2.2.7 专业技术人员教育参与率(%) |
| | 2.3 学习平台与资源 | 2.3.1 各级各类学校面向社会开放程度 |
| | | 2.3.2 市、区两级远程教育网建设 |
| | | 2.3.3 市级学习网站使用率(%) |
| | 2.4 公益文化设施建设 | 2.4.1 平均每百人拥有公共图书馆藏书册数(册) |
| | | 2.4.2 平均每百人拥有报纸、期刊、图书总印数(份) |
| | | 2.4.3 平均每百万人拥有艺术表演场所数(个) |
| | | 2.4.4 平均侮百万人拥有博物馆、文化馆(艺术馆)数(个) |

续表

| 一级指标 | 二级指标 | 三级指标 |
| --- | --- | --- |
| 3. 学习型组织建设 | 3.1 区域性学习型组织 | 3.1.1 学习型区县创建比例(%) |
| | | 3.1.2 学习型街道、乡镇创建比例(%) |
| | | 3.1.3 学习型社区(居委会、行政村)创建比例(%) |
| | | 3.1.4 创建工作进入高级阶段的区域性学习型组织比例(%) |
| | 3.2 单位性学习型组织 | 3.2.1 学习型党组织创建比例(%) |
| | | 3.2.2 学习型机关创建比例(%) |
| | | 3.2.3 学习型企业创建比例(%) |
| | | 3.2.4 学习型学校创建比例(%) |
| | | 3.2.5 其他学习型事业单位创建比例(%) |
| | | 3.2.6 学习型社团创建比例(%) |
| | | 3.2.7 创建工作进入高级阶段的单位性学习型组织的比例(%) |
| 4. 城市发展与管理创新 | 4.1 经济发展创新 | 4.1.1 人均 GDP(美元) |
| | | 4.1.2 科技进步对经济增长的贡献率(%) |
| | | 4.1.3 高技术制造业产值占工业产值比重(%) |
| | | 4.1.4 恩格尔系数 |
| | | 4.1.5 新增劳动力平均受教育年限(年) |
| | | 4.1.6 主要劳动年龄人口中受过高等教育的比例(%) |
| | 4.2 政治发展创新 | 4.2.1 每百万人年发明专利授权量(件) |
| | | 4.2.2 民主管理 |
| | | 4.2.3 民主选举(投票率和满意度) |
| | | 4.2.4 法制建设 |
| | 4.3 社会管理创新 | 4.3.1 城镇登记失业率(%) |
| | | 4.3.2 城乡居民医疗保险参保率(%) |
| | | 4.3.3 城乡居民养老保险参保率(%) |
| | | 4.3.4 每百万人拥有注册社会组织数量(个) |
| | 4.4 文化管理创新 | 4.4.1 城市精神的提出与普及 |
| | | 4.4.2 文明城市建设达标程度 |
| | | 4.4.3 市民公共行为文明指数 |
| | 4.5 环境管理创新 | 4.5.1 中心城公共交通出行比例(%) |
| | | 4.5.2 空气质量达到二级及好于二级天数比例(%) |
| | | 4.5.3 城市绿化覆盖率(全市林木绿化率) |

资料来源:《学习型城市建设指标体系研究》, 吴晓川等著, 北京出版社,2014 年版,第 254 页。

## 二、学习型社区

社区是一个共同体，由生活和居住在那里的人构成，是开展各项工作的重要依托和落脚点。因此，大力发展社区教育，创建学习型社区才能为建设学习型社会打下坚实的社会基础。

（一）学习型社区的创建

1999 年 1 月 13 日，国务院发布《面向 21 世纪教育振兴行动计划》（以下简称《行动计划》）。《行动计划》确立了“到 2010 年，基本建立起终身学习体系，为国家知识创新体系以及现代化建设提供充足的人才支持和知识贡献”的目标，明确提出“开展社区教育的实验工作，逐步建立和完善终身教育体系”，明确了社区教育在终身教育体系和学习化社会建设中的重要地位。

为落实《行动计划》提出的教育改革要求，2000 年 4 月教育部发布《关于在部分地区开展社区教育实验工作的通知》。2002 年 5 月，中共中央办公厅、国务院办公厅下发了《2002—2005 年全国人才队伍建设规划纲要》。文件提出，要开展、创建“学习型社区”。2003 年 12 月，中共中央、国务院发布的《关于进一步加强人才工作的决定》提出：“在全社会进一步树立全民学习、终生学习理念，鼓励人们通过多种形式和渠道参与终身学习，积极推动学习型组织和学习型社区建设。”

2010 年 7 月，《国家中长期教育改革和发展规划纲要（2010—2020 年）》发布。该纲要提出教育发展的战略目标是：“到 2020 年，基本实现教育现代化，基本形成学习型社会，进入人力资源强国行列。”在实施措施中明确提出：加快发展继续教育；构建灵活开放的终身教育体系；广泛开展城乡社区教育，加快各类学习型组织建设，基本形成全民学习、终身学习的学习型社会。

通过近二十年的发展，学习型社区在体制机制建设、制度建设、教育资源建设与整合、学习资源内容与平台建设、学习型社区建设等方面已经取得了很大发展。

（二）学习型社区的评价标准

学习型社区的创建是一种动态的、渐进的过程，建立学习型社区评价标准是构建过程中的一项基础性工作。学习型社区评价标准将从质和量的方面为学习型社区的建设与评价提供必要的依据，也可以更好地指导、规范和完善学习型社区的理论和实践。

近年来，人们从不同的视角构建了学习型社区的评价标准。笔者在此呈现了北京市学习型社区评估指标体系，以此可以窥见学习型社区的评价标准。

**表 5-2　北京市学习型社区评估指标体系**

| 一级指标 | 二级指标 | 三级指标 |
|---|---|---|
| 1.认识与宣传 | 1.1 学习与认识 | 1.1.1 学习党和国家及北京市委、市政府关于建设学习型社会、学习型城市等方针政策和终身教育、终身学习及学习型组织理论，理解创建意义 |
| | | 1.1.2 联系区域经济和社会发展实际，形成创建动力 |
| | 1.2 宣传与普及 | 1.2.1 通过举办学习周和读书节活动，编印宣传手册或有关材料、开展网络和橱窗以及街头宣传等多种载体和形式，向辖区居民宣传普及创建理念，打造全民学习、终身学习的良好氛围，创建知晓率达到 90%以上 |
| 2.组织与管理 | 2.1 组织领导 | 2.1.1 成立由街道（乡镇）主要领导任组长的创建领导小组，下设办公室.有专人负责。各职能部门有明确分工，形成多方参与、分工负责、齐抓共管的创建局面 |
| | | 2.1.2 领导小组每年至少召开两次会议，研究创建工作组织与管理 |
| | 2.2 方案 | 2.2.1 明确创建目标和思路，制定与街道乡镇发展规划相协调的创建方案 |
| | 2.3 过程管理 | 2.3.1 创建有计划、有总结、有检查、有改进，对创建过程进行有效管理 |
| 3.条件与保障 | 3.1 机制建设 | 3.1.1 建立并完善各种学习和教育培训制度 |
| | | 3.1.2 建立并完善检查评价、反馈改进和交流、表彰的创建管理制度，执行有力，形成长效机制 |
| | 3.2 经费保障 | 3.2.1 财政按照常住人口每人每年不低于 2 元的标准支付。社区教育（农村成人教育）开展的经费逐年有所增加 |
| | | 3.2.2 开拓其他经费投入渠道 |

续表

| 一级指标 | 二级指标 | 三级指标 |
| --- | --- | --- |
| 3.条件与保障 | 3.3 基地建设 | 3.3.1 街道有独立的社区教育中心(或社区教育学校),建筑面积不少于1000平方米;有标准教室不少于2间,图书阅览室容纳不少于30人,图书音像资料不少于3000册,有必要的教学培训设备。另有共享的社区教育基地,总使用面积不少于2000平方米 |
| | | 3.3.2 居委会社区均建有市民文明学校,使用面积不少于100平方米,教室不少于1间,有必要的教学培训设备 |
| | | 3.3.3 辖区内有80%以上的教育、文化、体育、科普等学习资源有组织地面向居民开放,内容丰富,效果良好 |
| | | 3.3.4 建立“学习超市”,汇总辖区内学习型培训机构及其培训项目,为居民个性化自主学习提供“菜单”及咨询服务 |
| | 3.4 队伍建设 | 3.4.1 有创建管理队伍、专兼结合的教师队伍和志愿者队伍 |
| | | 3.4.2 开展管理队伍的教育培训,提高创建管理水平及教育教学水平 |
| | 3.5 技术支撑 | 3.5.1 推进信息化(数字化)建设,利用计算机网络、远程教育等现代化信息技术手段开展教育培训工作.交流、共享、积累学习成果和工作经验,促进知识管理 |
| 4.实施与成效 | 4.1 社区文化建设 | 4.1.1 形成共同愿景,不断加强社区凝聚力 |
| | | 4.1.2 加强社区文化建设,形成具有自身特点的区域文化,树立良好社区(乡村)形象 |
| | 4.2 学习教育活动 | 4.2.1 每年开展居民学习需求调研,增强社区教育(农村成人教育)的针对性 |
| | | 4.2.2 社区教育(农村成人教育)有课程设置和教材,多元课程能满足居民教育需求 |
| | | 4.2.3 为提高居民的思想道德、科学文化、身心健康素质和职业技能水平,开展形式多样、内容丰富的学习培训和宣传教育活动 |
| | | 4.2.4 每年参加学习教育活动的人次不少于常住人口的50% |
| | | 4.2.5 为青少年接受校外教育、参与义工、志愿活动等社会实践提供支持 |
| | | 4.2.6 关注弱势群体与特殊群体,针对辖区内下岗失业人员、来京务工人员、农转非人员等开展职业技能培训,针对老年群体开展老年教育 |
| | | 4.2.7 面向居民的终身学习服务,形成品牌服务项目,有区级(含)以上认定的市民学习品牌 |

续表

| 一级指标 | 二级指标 | 三级指标 |
| --- | --- | --- |
| 4.实施与成效 | 4.3 辖区内学习组织创建 | 4.3.1 开展学习型领导班子、学习型党组织、学习型机关创建，取得良好效果，在学习型社区建设中发挥带头作用 |
| | | 4.3.2 开展学习型社区（新村）、学习型楼院（门栋）、学习型社会组织和学习型家庭等创建，有创建先进典型 |
| | | 4.3.3 学习型社区（新村）创建率不低于 50%，区级（含）以上创建率不低于 10% |
| | | 4.3.4 每年至少召开 1 次辖区内学习型组织创建经验总结交流会（或表彰会） |
| | 4.4 社区改革与发展 | 4.4.1 创建推进了社会管理的改革和创新，提高了社会服务水平，提高了解决影响发展和民生问题的能力 |
| | | 4.4.2 创建激发了居民的学习热情，提高了居民的综合素质，涌现出一批学以致用、成绩突出的个人学习典型，有区级（含）以上评选的学习之星 |
| 5.特色与创新 | 5.1 特色 | 5.1.1 学习型街道（乡镇）创建成效显著，在某些方面有突出特色 |
| | 5.2 创新 | 5.2.1 学习型街道（乡镇）创建（观念、内容、方法、举措等）有创新点 |

注：资料来自北京市学习型城市建设领导小组办公室。

# 结　语

自从意识到自己是人而非他物，人类就从未停止过追求自由的努力，从刀耕火种到机械化生产，从徒步马车到飞机轮船，从千年的飞行梦想到人类能够遨游太空。人的活动领域越来越大，人的自由程度越来越高，人不断超越自己，实现梦想，追求自由的每一步，都浸透着人类的汗水和聪明才智以及不屈不挠的追求自由的意志。先哲曾云，人不同于他物的存在，在于人是一种思维的存在。人能够意识到自己生存于自然和历史必然性之中，但人并不臣服于此，人要通过自己的努力，去挣脱必然性的束缚而达于理想的彼岸。这方面有史可考的先贤就很多。纵观人类思想史，从东方到西方，从古代到现代，许多思想家勾画了许多幅美好的图景，西方柏拉图的理想国，莫尔的乌托邦，康帕内拉的太阳城，卢梭的黄金时代，温斯特莱的自由共和国，马布利的新人制度，所谓空想社会主义者的众多构想，马克思和恩格斯的共产主义社会，等等；在中国有老子的小国寡民，庄子的逍遥社会，墨子的兼爱尚同社会，陶渊明的世外桃源，康有为的大同世界等等。无论这些构想是理想社会、是乌托邦、还是科学的设想，他们都体现了人的一种美好的追求，体现了人为达于自由而做的意志努力。

人何以能不断超越必然性的束缚、不断向自由迈进？人何以能不断克服自己“野兽”的一半，而不断展示自己“天使”的一半？这都在于人是一个自觉、自强、自为、自由的主体。万物有灵，人为万物之灵。人之所以能成为“万物之灵”，在于人能从客体反观自身的存在状态，在于人是精神和物质的统一存在。人在自觉地追求真善美的自由世界，在这个过程中，人的思维起着决定作用，理论的自觉是人能不断建构和超越的重要因素。

人类理论的自觉性自古至今都在发挥着重要作用,如前所述的各种美好的构想,这种理论自觉性,为人类的发展提出了目标和思路,更为可贵的是,理论的自觉性往往表现为理论的先在性和先导性,它超前于社会的发展,指引着社会在黑暗中前行,避免了许多自在的发展和盲目的摸索。在当今的知识经济时代,人的理论自觉性更加具有十分重要的意义和价值,社会的极速发展有时会令人猝不及防,因此,如果没有理论的前行,社会的发展很可能就会误入歧途,损失不可挽回。

理论的自觉性来自社会主体的自觉性,人类社会的各种先进的思想都是思想解放的产物,思想的解放,需要人的主体性得到充分发挥,克服在人类思想上存在的种种误区与障碍。学习型社会理论就是在理想与现实之间所进行的理性思考,试图在现有的自在的社会结构上,建立一种能更好适应目前和将来社会发展趋势的社会结构,从而提高人的主体性地位,实现人的全面发展,使社会超越物质生产而达于自由之境。

主体性的提高,离不开社会所创造的条件,经济、政治、文化等领域的发展,为人的主体性的提升创造了必要的条件,没有经济的发达、政治的民主、文化的繁荣,就不会有主体性的发展。当然,没有人发挥自己的聪明才智,去追求和构建一个自觉的社会结构,也不会促进主体的迅速成长。人和社会的关系早已突破了个人原子主义与社会整体主义的对立。二者互相促进的关系已基本成为共识。但是,人和社会又凭什么能够互相促进呢?社会是属人的社会,人的存在是社会存在的前提,因此,人的发展是第一推动力。那么人通过什么来促进社会发展呢?人有一个天然的善于探索和学习的大脑,人通过生产生活实践,掌握了许多经验和技术,同时又把这些技术和经验通过各种渠道积累下来,有的口耳相传,有的文以载道,日积月累,形成了人类知识宝库。但是,对于个体而言,人非生而知之,只有通过学习逐渐社会化,而且主要是通过间接经验的学习,才能在最短时间内成为社会人,并且在学习已有经验的基础上,创造更新的知识和文化,体现了继承与发展的统一。

但是人类学习活动的发展也不是一帆风顺的，通过历史的考察我们可知，学习活动作为人类实践活动的重要方面,也有着曲折的前进历程。如果从最广义来讲,学习是无处不在的,但是作为制度的学习活动,却又呈现出历史发展的特点。当社会生产力提高时,有了剩余劳动产品,而这些剩余劳动产品又只为少数人占有,于是出现了分工,马克思认为,这也是人异化的开始。这些人及其子女由于有了大量的闲暇时间而可以进行专门的学习活动,这时,这种学习只是少数人的特权。随着生产力的发展,社会需要有一定生产知识和技术的劳动者来创造更多财富,于是学习主体有所扩大,但学习内容和时间却有所限制。随着社会经济、政治、文化的全方位发展,社会进入高速发展时期,知识经济呈现出迅猛的发展势头,对社会发展的影响日益深刻,依靠知识创新成为社会和个人发展的共同趋势。学习成为每个人的基本需要和权利,来自于社会的和人为的限制越来越小,学习几乎成了个人能全部主宰的活动。人不仅能够学习,而且应学会学习,人的学习能力得到极大提高。由此人类进入了学习型社会。

但是,学习型社会的意义不简单在于人能时时学习、处处学习,学习型社会不是为了学习而学习,也就是说,学习不是社会发展的唯一的和最终的目的。随着闲暇时间的增多,人拥有了越来越宽广的发展空间,人可以通过不断地学习掌握各种生产和生活的知识和技能,如马克思所预测,人可以在各个物质生产部门自由地转换。因此,学习是为了人的自我超越和解放。

为了这一目标的实现,人类必须发挥自己的主体能动性,主动去构建自觉的社会结构,寻找实现的途径。如前文所述,世界许多国家正在积极进行构建学习型社会的有益尝试,教育作为社会结构中的一个独特的系统成为构建学习型社会的切入点。教育系统的特殊之处在于:1.教育与人的学习活动关系密切。教育与学习是两个不同的活动,但是二者又密不可分,教育使学习成为一种自为、自觉的活动,可以说,教育是促进主体学习的最重要手段,也是主体学习最需要的途径。2.教育的功能是培养人,通过培养人影响社会其他各个系统及整个社会的发展。社会上的各种从业人员都必然要接受教育,否则就不能从事生产劳动,人出生时都是一个自然的个体,教育使人成为各种各样的劳动者。教育通过培养人推动整个社会的发展。3.教育最主要的特点在于,教育体系最容易为社会主体所掌控,成为社会结构中最具自觉性的一环。社会主体基本上可以自由地根据所需决定教育的发展变化。"教育先行"就是教育的这种特点的反映。

因为教育活动的独特地位, 学习型社会最先着力构建的应是教育的体系,使教育成为构建学习型社会的着眼点和切入点。从目前的教育体系的建构上看,从终结式教育到终身教育,从学校教育到家庭教育、社会教育,从教育特权到全民教育,从现场教育到远程教育,从集体教育到个体教育,等等。教育正逐渐成为无时不在、无处不在、全天候的教育服务,随时可用的教育资源将成为学习型社会的主要特点。

教育功能淋漓尽致地发挥在我国还面临许多困难。从人的角度看,由于地区发展的不平衡,人的主体性发挥也不尽相同,人们的思想观念、心理结构、学习意识、个体素质都还有待提高,人还不能从主体自觉的角度进行学习与教育活动;从社会角度看,中国社会经济还不发达,二元经济结构使社会发展很不平衡,科学技术与教育水平同发达国家相比还很低,长期实行的计划经济体制、集中程度过高的政治体制等问题较为明显。作为后发型国家,还有许多问题需要解决。但是,知识经济时代的来临,给发展中的中国提供了一次赶超发达国家的机会,这个机会,应该说是决定中国命运的机会。中国在近现代发展史上,已经错过了几次发展的良机。在西方进行工业革命时,中国正沉浸在"天朝上国"的迷梦之中;当20世纪六七十年代,西方列强进入发展的黄金时期时,中国却正在进行着残酷的政治斗争。中国一再失去发展的良机。当前,知识经济的大潮又汹涌而来,我们再也不能失去这次绝佳的机会。在新一轮的经济发展热潮中,世界各国的竞争主要集中在科学技术知识的竞争中,表现在人才的竞争上,因此,人才的培养是发展的关键。中国是一个人口大国,如果切实抓住这个机会,以教育为切入点,通过学习型社会的构建,提高每一个个体的科学知识素养,就能在短时间内在整体上把人口大国改造成人力资源强国。同时,我们拥有中国共产党这个强大的构建自觉的学习型社会结构的主体,在我们社会的发展中,中国共产党是绝对核心的领导力量,具有强大的组织力量和整合社会秩序的能力,只要我们党能继续保持勤于学习、开拓进取、勇于创新的战斗精神,我们有理由相信,21 世纪,必将有一条巨龙腾起于世界的东方!

# 参考文献


著作类：

1.《马克思恩格斯选集》，第1卷、第3卷，人民出版社，1972年版。

2.《马克思恩格斯选集》，第4卷，人民出版社，1995年版。

3.《马克思恩格斯全集》，第3卷，第13卷，第25卷，第42卷，第46卷，人民出版社，1979年版。

4.《马克思恩格斯全集》，第19卷，人民出版社，1963年版，

5.《马克思恩格斯全集》，第4卷，人民出版社，1995年版。

6.《马克思列宁著作选读》（哲学），人民出版社，1988年版。

7.《邓小平文选》，第2卷，人民出版社，1994年版。

8.《十六大报告辅导读本》，人民出版社，2002年版。

9.《论科学技术》，江泽民，中央文献出版社，2001年版。

10.弗洛姆著：《健全的社会》，孙恺祥译，贵州人民出版社，1994年版。

11.斯宾塞：《教育论》，胡毅译，人民教育出版社，1962年版。

12.约翰·怀特：《再论教育目的》，李永宏等译，教育科学出版社，1997年版。

13.杜威：《学校与社会 明日之学校》，赵祥麟等译，人民教育出版社，1991年版。

14.杜威：《民主主义与教育》，王承绪等译，人民教育出版社，1990年版。

15.持田荣一：《终生教育大全》，中国妇女出版社，1987年版。

16.夸美纽斯：《大教学论》，傅任敢译，教育科学出版社，1999年版。

17.黑格尔:《小逻辑》,商务印书馆,1997年版。

18.柏拉图:《理想国》,商务印书馆,1985年版。

19.S.E.佛罗斯特:《西方教育的历史和哲学基础》,吴元训等译,华夏出版社,1987年版。

20.W.F.康内尔:《二十世纪世界教育史》,人民出版社,1990年版。

21.UNSECO 著:《学会生存——教育世界的今天和明天》,华东师大比较教育研究所译,教育科学出版社,1996年版。

22.UNSECO 著:《教育——财富蕴藏其中》,联合国教科文组织总部中文译,教育科学出版社,1996年版。

23.[美]阿尔温·托夫勒著:《第三次浪潮》,朱志炎等译,三联书店出版,1984年版。

24.[美]阿尔温·托夫勒、海蒂·托夫勒著:《创造一个新文明——第三次浪潮的政治》,三联书店,1996年版。

25.保罗·朗格朗著:《终身教育导论》,滕星等译,华夏出版社,1988年版。

26.[德]齐美尔著:《社会是如何可能的》,林荣远编译,广西师范大学出版社,2002年版。

27.[德]卡尔·雅斯贝斯著:《时代的精神状况》,上海译文出版社,2003年版。

28.齐格蒙特·鲍曼著:《个体化社会》,范祥涛译,上海三联书店,2002年版。

29.拉伯雷:《巨人传》,人民出版社,1981年版。

30.霍布豪斯著:《自由主义》,商务印书馆,1994年版。

31.威廉·詹姆斯著:《实用主义》,商务印书馆,1997年版。

32.迈克·F.D.扬主编:《知识与控制——教育社会学新探》,谢维和、朱旭东译,华东师范大学出版社,2002年版。

33.罗斯华兹·吉德著,邓云等译:《二十一世纪的世界》,社会科学文献出版社,1991年版。

34.[德]洛塔尔·斯佩德著:《未来的转折》,群众出版社,1989年版。

35.[美]阿尔温·托夫勒著:《力量转移——临近21世纪时的知识、财富和暴力》,新华出版社,1996年版。

36.[美]甘哈曼著:《第四次浪潮》,中国友谊出版社,1984年版。

37.[美]阿尔温·托夫勒著:《未来的冲击》,贵州人民出版社,1985年版。

38.[美]亨利·埃兹科维茨,[荷]劳埃特·雷德斯多夫编,夏道源等译:《大学与全球知识经济》,江西教育出版社,1999年版。

39.[加]尼科·斯特尔著,殷晓蓉译:《知识社会》,上海译文出版社,1998年版。

40.[美]珍妮·特沃斯、[新西兰]戈登·德莱顿著,顾瑞荣等译:《学习的革命》,上海三联书店,1998年版。

41.[美]查尔斯·霍顿·库利著,包凡一、王源译:《人类本性与社会秩序》,华夏出版社,1999年版。

42.[美]丹尼尔·贝尔著,高铦等译:《后工业社会的来临》,商务印书馆,1986年版。

43.[美]彼得·圣吉著,孙进隆译:《第五项修炼》,上海三联书店出版,1998年版。

44.[英]卡尔·波普尔著,范景中、李本正译:《通过知识获得解放》,中国美术学院出版社,1996年版。

45.A.F.G.汉肯著:《控制论与社会——关于社会系统的分析》,商务印书馆,1984年版。

46.波谱诺著:《波谱诺社会学》,中国人民大学出版社,1999年版。

47.塞缪尔·亨廷顿著:《现代化:理论与历史经验的再讨》上海译文出版社,1993年版。

48.[英]詹姆斯·马丁著:《信息社会漫话》,上海科学技术出版社,1985年版。

49.[法]西蒙·诺拉、阿兰·孟克著:《社会的信息化》,商务印书馆,1985年版。

50.[美]曼纽尔·卡斯泰尔著,崔保国等译:《信息化城市》,江苏人民出版社,2001年版。

51.[美]丹尼尔·U.列文，罗伯特·J.哈维霍斯特著：《社会与教育》，四川教育出版社，1991 年版。

52.B.T.马拉霍夫主编：《社会发展的辩证法》，东方出版社，1988 年版。

53.陈晏清主编：《当代社会转型论》，山西教育出版社，1998 年版。

54.杨桂华著：《转型社会控制论》，山西教育出版社，1998 年版。

55.陈晏清著：《当代中国社会哲学》，天津人民出版社，1990 年版。

56.陈晏清、王南湜、李淑梅著：《现代唯物主义导引》，南开大学出版社，1994 年版。

57.张东荪：《思想与社会》，辽宁教育出版社，1998 年版。

58.黄济著：《教育哲学通论》，山西教育出版社，2001 年版。

59.张声雄，徐韵发主编：《创建中国特色的学习型社会》，江西人民出版社，2003 年版。

60.李淑梅著：《社会转型与人的现代重塑》，山西教育出版社，1998 年版。

61.王南湜著：《从领域合一到领域分离》，山西教育出版社，1998 年版。

62.陈晏清、阎孟伟：《历史辨证决定论》，南开大学哲学系教育教学研究室印制，2001 年。

63.靳希斌著：《马克思恩格斯教育原理简述》，北京师范大学出版社，1992 年版。

64.肖川著：《教育的视界》，岳麓书社，2003 年版。

65.何雪松著：《社会学视野下的中国社会》，华东理工大学出版社，2002 年版。

66.滕大春主编：《外国教育通史》，山东教育出版社，1990 年版。

67.冒从虎等主编：《欧洲哲学通史》（上、下卷），南开大学出版社，1985 年版。

68.谢中立著：《当代中国社会变迁导论》，河北大学出版社，2000 年版。

69.张忠元、向洪主编：《教育资本》，中国时代经济出版社，2002 年版。

70.夏正江著：《教育理论哲学基础的反思——关于“人”的问题》，上海教育出版社，2001 年版。

71.陈建翔、王松涛著:《新教育:为学习服务》,教育科学出版社 2002 年版。

72.王武召著:《社会交往论》,北京大学出版社,2002 年版

73.石中英著:《知识转型与教育改革》,教育科学出版社,2001 年版。

74. 赵中建主译:《全球教育发展的历史轨迹——国际教育大会 60 年建议书》,教育科学出版社,1999 年版。

75.侯建新著:《社会转型时期的西欧与中国》,济南出版社,2001 年版。

76.吴铎、张人杰主编:《教育与社会》,中国科学技术出版社,1991 年版。

77.童潇主编:《走向学习型社会——社会发展的第四阶段》,上海三联书店,2004 年版。

78.连玉明主编:《学习型社会》,中国时代经济出版社,2004 年版。

79.钟国心著:《社会选择论》,人民出版社,1987 年版。

80.项贤明著:《泛教育论》,山西教育出版社,2000 年版。

81.冯之俊主编:《知识经济与中国发展》,中共中央党校出版社,1998 年版。

82.黄顺基主编:《走向知识经济时代》,中国人民大学出版社,1998 年版。

83.李京文著:《知识经济:21 世纪的新的经济形态》,社会科学文献出版社,1998 年版。

84.陶德言主编:《知识经济浪潮》,中国城市出版社,1998 年版。

85.蔡富有、赵启厚主编:《国外知识经济动态》,中国经济出版社,1999 年版。

86.刘磊等主编:《知识经济:第三次经济革命》,中国大地出版社,1998 年版。

87.吴季松著:《知识经济》,北京科学技术出版社,1998 年版。

88.彭坤明著:《知识经济与教育》,南京师范大学出版社,1998 年版。

89.桑新民、陈建翔著:《教育哲学对话》,河北教育出版社,1996 年版。

90.贺善侃著:《当代中国转型期社会形态研究》,学林出版社,2003 年版。

91.雷龙乾著:《中国社会转型的哲学阐释》,人民出版社,2004 年版。

92.李楠明著:《价值主体性》,社会科学文献出版社,2005 年版。

93.王义军著:《从主体性原则到实践哲学》,中国社会科学出版社,2002 年版。

94.贺善侃著:《实践主体论》,学林出版社,2001 年版。

95.陈廷柱著:《学习型社会的高等教育》,南京师范大学出版社,2004 年版。

96.钱民辉著:《教育社会学》,北京大学出版社,2004 年版。

97. 科学技术部国际合作司编译:《知识社会——信息技术促进可持续发展》,机械工业出版社,1999 年版

98.衣俊卿著:《回归生活世界的文化哲学》,黑龙江人民出版社,2000 年版。

99.陈筠泉、殷登祥主编:《新科技革命与社会发展》,科学出版社,2000 年版。

100.刘敬鲁著:《人 社会 文化——时代变革的思想之路》,中国人民大学出版社,2002 年版。

101.陈友松主编:《当代西方教育哲学》,教育科学出版社,1982 年版。

102.冯昭奎著:《新工业文明》,中信出版社,1990 年版。

103.张斌贤、褚洪启等著:《西方教育思想史》,四川教育出版社,1994 年版。

104.王征国著:《新生产力论》,人民出版社,2003 年版。

105.郑奋明著:《现代化与国民素质》,广东人民出版社,2003 年版。

106.华东师范大学教育系编:《马克思恩格斯论教育》,人民出版社,1986 年版。

107.王坤庆著:《现代教育哲学》,华中师范大学出版社,1996 年版。

108.陈晏清、王南湜、李淑梅著:《马克思主义哲学高级教程》,南开大学出版社,2001 年版。

109.姚纪纲著:《交往的世界》,人民出版社,2002 年版。

110.陆有铨著:《躁动的百年》,山东教育出版社,2001 年版。

111.韩庆祥著:《建构能力社会》,广东人民出版社,2003 年版。

112.卫道治、沈煜峰著:《人 关系 文化——教育社会学观略》,湖南教育出版社,1988 年版。

113.熊澄宇主笔:《信息社会 4.0——中国社会建构新对策》,湖南人民出版社,2002 年版。

114.刘曙光著:《人的活动与社会历史发展规律的关系》,民族出版社,2002

年版。

115.王丽娅著:《知识经济发展对教育提出的挑战》,中国经济出版社,2002年版。

116.李勇著:《社会认识进化论》,武汉大学出版社,2002年版。

117.吴铎、张人杰主编:《社会与教育》,中国科学技术出版社,1999年版。

118.茹晴著:《未来世界九大趋势》,辽宁人民出版社,2001年版。

119.胡鞍钢主编:《中国大战略》,浙江人民出版社,2003年版。

120.中国科学院可持续发展战略研究组:《中国可持续发展战略》,科学出版社,2004年版。

121.张尚仁著:《社会历史哲学引论》,人民出版社,1992年版。

122.柳海明著:《教育原理》,东北师范大学出版社,2002年版。

123.陈依元著:《走向系统·控制·信息时代》,人民出版社,1988年版。

124.韩明漠等著:《社会学家的视野:中国社会与现代化》,中国社会出版社,1998年版。

125.陆学艺主编:《21世纪的中国》,云南人民出版社,1996年版。

126.厉以贤主编:《马克思列宁教育论著选讲》,北京师范大学出版社,1992年版。

127.彭坤明著:《开放大学建设再论》,中央广播电视大学出版社,2015年版。

128.叶忠海著:《社区教育学》,高等教育出版社,2009年版。

129.顾侠强著:《社区教育概论》,中央广播电视大学出版社,2011年版。

130.郝克明著:《让学习伴随终身》,高等教育出版社,2016年版。

131.学习型社会建设研究课题组编:《学习型社会建设的理论与实践》,高等教育出版社,2010年版。

132.Robert·M. Hutchins, The Learning Society, Frederick A. Praeger, Publishers New York·Washington·London, 1968.

133.Raggatt, Peter, The learning society: challenges and trends, London: Routledge in association with the open University, 1996.

134.Ranson, Stewart., Towards the Learning society, London: Cassell Educa-tional, 1994.

135.Fox, R. and Radloff, The Learning Society: International Perspectives on Core Skills in Higher Education. London: Kogan.1999.

136.Edgar Faure, et al., Learning to Be, UNESCO, Paris, 1972.

137.David W.Living stone & Contributors, Cretical Pedagogy and Cultural Power, Bergin and Garvey Publisher, Inc., 1987.

138.Kenneth Wain, Philosophy of Lifelong Education, Croom Helm Ltd., 1987.

**论文类:**

1.张云飞:《生产力移植与跨越式发展》,《江苏行政学院学报》,2001 年第 3 期。

2.张慧霄:《对构建终身教育体系、形成"学习型社会"的思考》,《黑龙江社会科学》,2003 年第 1 期。

3.林明榕:《试论 21 世纪教育转型与学习化社会的到来》,《山西大学师范学院学报》,2000 年第 2 期。

4.丁虎生:《学习型社会的学习特征及条件》,《西北师大学报》(社科版),2003 年第 4 期。

5.谢玉坤:《知识经济与学习化社会》,《齐齐哈尔大学学报》(哲社版),2002 年第 7 期。

6.高志敏:《关于终身教育、终身学习与学习化社会理念的思考》,《教育研究》,2003 年第 1 期。

7.谈松华:《建设学习型社会与教育信息化》,《中国远程教育》2002 年第 2 期。

8.庞跃辉:《社会发展哲学观:学习型社会的新认识》,《天津大学学报》,2003 年第 4 期。

9.吴遵民:《走出"学习化社会"的理解误区——兼论哈钦斯"学习社会"思想的本质与特征》,《教育学》(人大复印资料),2004 年第 1 期。

10.杨丹萍:《关于创建学习化社会的思考》,《江西社会科学》,2001 年第 1 期。

11.朱忠文:《知识与社会经济形态的演变》,《河南社会科学》,2001 年第 4 期。

12.陈建翔:《关于学习的本质》,《北京教育》(普教版),2004 年第 3 期。

13.江喜标:《知识经济时代所需要的学习概念》,《江西教育》,2003 年第 6、7期。

14.陈建翔:《论学习的本质与当代学习变革》,《学科教育》,2004 年第 2 期。

15.叶险明:《人的全面而自由发展的理想与现实》,《教学与研究》,2002 年第 9 期。

16.池忠军:《论人的全面发展与教育的先在性》,《宁夏社会科学》,2003 年第 4 期。

17.蒋衡:《全球化背景下英美自由主义国家国民教育制度的改革》,《湖南师范大学教育科学学报》,2002 年第 4 期。

18.胡艳蓓:《当代西方公民教育思想述评》,《国外社会科学》,2002 年第 4 期。

19.鱼霞:《构建首都学习化社会的策略》,《教育科学研究》,2001 年第 10 期。

20.顾明远:《形成全民学习、终身学习的学习型社会》,《求是》,2003 年第 4 期。

21.殷晓蓉:《网络社会与教育体制的改革》,《教育发展研究》,2001 年第 1 期。

22. 蒋玉凤:《重在拓展人的生命空间——对创建学习型社会的文化思考》,《桂海论丛》,2004 年第 1 期。

23.魏丕植:《创建学习型社会之我见》,《河南社会科学》,2003 年第 1 期。

24.奚洁人:《创建学习型社会的深刻内涵和战略意义》,《哈尔滨市委党校学报》,2002 年第 3 期。

25.胡慧平:《新经济,呼唤学习化社会》,《中国人才》,2001 年第 7 期。

26.陈乃林:《解读学习型社会》,《江苏高教》,2004 年第 1 期。

27.郑淮:《学习化社会的理念和基础的分析》,《华南师范大学学报》(社科版),2001 年第 2 期。

28.刘复兴、陈涌:《未来教育的使命:建设学习化社会》,《中国成人教育》,1998年第9期。

29.赵连章:《从教育沿革展望我国学习化社会的构建》,《中国成人教育》,1998年第12期。

30.熊雷:《论学习化社会的基本内涵和本质特征》,《中国成人教育》,1998年第12期。

31.劳凯声:《社会转型与教育的重新定位》,《教育学》(人大复印资料),2002年第4期。

32.孟繁华:《构建现代学校的学习型组织》,《教育学》(人大复印资料),2002年第4期。

33.刘复兴:《学习社会:原则与模式》,《教育学》(人大复印资料),2002年第5期。

34.孙立平、王汉生等:《改革以来中国社会结构的变迁》,《中国社会科学》,1994年第2期。

35.陈晏清、李淑梅:《个人和社会关系问题是社会观念的核心问题》,《天津大学学报》,1999年第1期。

36.李淑梅:《关于人的发展和社会结构转型关系的哲学思考》,《南开学报》,1997年第5期。

37.吴元樑:《当代科学技术革命与社会结构的演变》,《哲学研究》,

38.孙立平:《"关系"、社会关系与社会结构》,《社会学研究》,1996年第5期。

39.钟启泉:《"整体教育"的哲学基础》,《教育学》(人大复印资料),2002年第2期。

40.张曙光:《马克思哲学的生存论维度及其当代意义》,《哲学原理》,2000年第7期。

41.靖国平:《个体知识及其教育的时代意义》,《教育学》(人大复印资料),2003年第9期。

42.孙金年:《知识的存在形式》,南京大学学报(社科版),2003 年第 1 期。

43.毛景焕:《试论 20 世纪教育领域的知识论的变革》,《教育学》(人大复印资料),2003 年第 4 期。

44.赵长林:《教育与社会秩序——结构功能主义观点》,《教育理论与实践》,2003 年第 8 期。

45.池子华:《中国近代社会史的理论分析》,《河北大学学报》,1998 年第 1 期。

46.孙显元:《“以人为本”的社会结构观》,《安徽大学学报》,2004 年第 1 期。

47.吉彦波:《社会结构与运行的五种模式比较》,《桂海论丛》,1996 年第 2 期。

48.郑杭生、赵文龙:《社会学研究中的“社会结构”的涵义辨析》,《西安交通大学学报》,2003 年第 2 期。

49.雷洪:《我国社会转型中的结构性社会问题》,《华中理工大学学报》,1998 年第 4 期。

50.张云飞:《论马克思的史前社会结构理论》,《湖北社会科学》,2003 年第 9期。

51.邹诗鹏:《传统社会发展动力学说的解释性难题及其反思》,《教学与研究》,2003 年第 5 期。

52.杨俊一:《社会转型期人的存在及其实现形式》,《吉林大学社会科学学报》,2003 年第 1 期。

53.周建国、童星:《社会转型与人际关系的变化》,《江南大学学报》,2002 年第 5 期。

54.王忠国:《社会结构转型与国民人格塑造》,《文史哲》,2002 年第 5 期。

55.孙代光:《世界历史视野下的当代中国社会发展道路》,《武汉大学学报》,2002 年第 5 期。

56.谢伟:《发展中国家技术学习过程的四个模式》,《科学管理研究》,2001 年第 6 期。

57.刘彦文:《论邓小平教育先行思想的形成过程及其特点》,《教育探索》,

2004 年第 3 期。

58.朱新均:《为我国形成学习型社会而努力》,《中国成人教育》,2003 年第5期。

59.吴诗咏:《终生学习——教育面向 21 世纪的重大发展》,《教育研究》,1995 年第 12 期。

60.鲁洁:《教育——人之自我建构的实践活动》,《教育研究》1998 年,第 9 期。

61.潘涌:《论 WTO 与中国教育转型》,《基础教育研究》2002 年第 2 期。

62.傅道彬:《教育转型与教育观念的更新》,《黑龙江高教研究》,2002 年第 1 期。

63.郭法琦:《教育转型与理论指导》,《比较教育研究》,1996 年第 3 起期。

64.刘国艳:《新知识观与教育转型》,《理论观察》,2003 年第 1 期。

65.梁丽萍、徐建和:《知识经济时代教育的转型与人的全面发展》,《教育理论与实践》,2001 年第 1 期。

66.王贵明:《论社会发展原动因及其历史形式》,《探索》,1994 年第 6 期。

67.《推进学习型社会》课题组:《北京构建学习型城市的构想》,《教育科学研究》,2003 年第 1 期。

68.汪靠斌:《上海创建终身教育体系和学习型城市的探讨》,《开放教育研究》,2002 年第 4 期。

69.刘玲玲:《社会转型的类型和当代中国转型的实质》,《教学与研究》,1997 年第 4 期。

70.周满生:《世界教育发展与现代化》,《西南师大学报》,1999 年第 2 期。

71.刘扬:《转型时期的社会心态与价值观调节》,《江西社会科学》,2002 年第 6 期。

72.赵晖:《当代世界公民教育的理念考察》,《外国教育研究》,2003 年第 9 期。

73.李学农:《进步主义教育哲学思想与世纪之交的教育》,《南京师大学报》,1996 年第 4 期。

74.项贤明:《后哲学时代的教育哲学及其任务》,《比较教育研究》,1997 年第 6 期。

75.马仲良，于晓静：《学习型社会：21 世纪全球发展大趋势》，《中国社会经济发展战略》，2007 年第 5 期。

76.徐莉，王默，程焕弟：《全球教育向终身学习迈进的新里程："教育 2030 行动框架"目标译解》，《开放教育研究》，2015 年第 12 期。

77.张男星：《"基本形成学习型社会"指标体系的实证研究》，《教育研究》，2012 年第 1 期。

78.徐旭东：《依托广播电视大学服务终身教育体系建设的思考》，《继续教育研究，2012 年第 12 期。

79.高志敏，朱敏，傅蕾，陶孟祝：《中国学习型社会与终身教育体系建设："知"与"行"的重温与再探》，《开放教育研究》，2017 年第 4 期。

80.包金梅，赵风全，张辉：《发达国家终身教育对内蒙古终身教育体系建设的启示——以美国、日本、韩国为例》，《内蒙古电大学刊》，2017 年第 4 期。

81. 刘光云：《建好学分银行 服务云南终身教育体系建设》，《云南开放大学学报》，2016 年第 3 期。

82. 韩民：《中日韩终身教育体系建设比较研究》，《终身教育研究》，2017 年第 4 期。

83.李忠：《终身教育体系建设需要澄清的几个问题》，《当代教育科学》，2010 年第 7 期。

84.郭学智：《我国终身教育体系建设的多重挑战与应对策略》，《继续教育研究》，2018 年第 7 期。

85.邵晓枫：《中国当代社区教育改革发展研究：总结、反思与前瞻》，《职教论坛》，2018 年第 1 期。

86. 吴康宁：《破除学校神话 走向学习化社会——〈去学校化社会〉译者导读》，《教育学报》，2017 年第 5 期。

87.郑秀慧，王晨：《赫钦斯的"理解"教育观与学习型社会建构》，《清华大学教育研究》,2015 年第 3 期。

88.夏海鹰:《学习型社会建设动力机制探究》,《教育研究》,2014 年第 6 期。

89.屈林岩:《学习型社会教育范式的转变与学习创新》,《教育研究》,2009 年第 5 期。

90.Bernt Gustavsson:*What do we mean by lifelong learning and knowledge? International Journal of Lifelong Education*,NO.1,2002.

91.Ted Bailey:*Analogy,dialectics and lifelong learning.. International Journal of Lifelong Education*. NO.2,2003.

92.Richard Edwards,Stewart Ram on and Michael Strain:*Reflexitivity:to-wards a theory of lifelong learning International Journal of Lifelong Learning*, 2002. NO.6.

93.John Field:*Lifelong Education,International Journal of Lifelong Learning*,. NO.1/2, 2001

94.John Dewar Wilson:*Lifelong Learning in Japan-a Lifeline for A 'Maturing' Society. International Journal of Lifelong Learning*,NO.1. 2001.

95.Neil Schoyn,Stephen Goroad and Sata Nilliams:*The Role of the Technical Fix in UK Lifelong Education Policy. International Journal of Lifelong Learning*, NO.1, 2001.

96.John Payne:*Lifelong Learning:a National Trade Union Strategy in Globe E-conomy. International Journal of Lifelong Learning*,NO.3. 2001.

97.Shirley Walters and Kathy Waller:*Lifelong Learning,Higher Education and Active Citizenship:from Rhetoric to Action. International Journal of Lifelong Learning*,NO.6, 2001.

# 后　记

当前，人工智能时代正在到来或者已经到来，人工智能作为一个新的时代产物，对我们的教育产生着深刻影响，集中表现为对个体学习能力的要求将比以往任何时代都更加凸显。如美国《国家人工智能研发战略规划》（*The National Artificial Intelligence Research and Development Strategic Plan*）明确提出要促进社会成员终身学习能力的提升。学习型社会支持个人的终身学习，从时间和空间两个维度延伸了社会成员的学习生命，超越了个人的有限性，同时也要求延伸全社会的学习，开阔社会的发展空间。正如美国芝加哥大学前任校长罗伯特·赫钦斯（Robert M.Hutchins）在他的《学习型社会》（*The Learning Society*）一书中指出“学习型社会将是这样的一个社会，能够为每个人在其成年以后的每个阶段提供业余式的成人教育之外，还成功地实现了社会价值的转换，即学习、自我实现和成为真正意义上的人已经变成社会发展的目标，而且所有的社会制度都以这一社会目标为指向。”

对中国而言，学习型社会的建设更是使中国发展壮大的战略机遇期，它为我国追赶先进国家提供了一次绝佳机会。通过构建学习型社会，我国已从人口大国转型成为人力资源强国，通过学习提高我国知识经济的发展潜力。习近平总书记多次在重要的大会上强调，“要依靠学习走向未来”，“实现中华民族伟大复兴的中国梦，就必须更加崇尚学习”。在积极落实党的十九大“全面依法治国”“建设学习大国”和“加快建设学习型社会”过程中，本书从社会结构的角度入手，对学习型社会的构建进行了阐述，适应当前知识经济社会的发展趋势，有效解决实践当中令人困惑的问题，指导当前学习型社会构建的实践活动，是本书的写作目的，也是本书的价值与意义所在。

本书是在我的博士论文的基础上修改而成的。在写作和修改过程中得到了诸多老师和朋友的大力帮助。衷心感谢我的导师杨桂华教授在我论文写作中给予的耐心鼓励、用心点拨和悉心指导。衷心感谢南开大学哲学系的陈晏清老先生、王南湜先生，阎孟伟先生、李淑梅先生、王新生先生在授课、研讨时给我的帮助与指导。我也衷心感谢师兄弟和师妹们在共同学习、交流、研究中对我的帮助。

本书能够出版，尤其要感谢天津人民出版社的领导和编辑，特别感谢安练练和李荣两位女士为本书的立项和审校出版付出的大量辛勤劳动。

书完成了，但我也非常清楚的知道，未来的修习之路上，学习将成为我最宝贵的修习之法，而我终会把有限的生命投入无限的学习之中去！

由于自己的哲学积淀不够和才识有限，书中的错误和不足之处恳请专家和读者批评指正。

梁艳茹

2019 年 12 月于天津师范大学立教楼